Berg / Orthey / Ritscher u.a. · Unternehmenstheater interaktiv

Konzept und Beratung der Reihe Beltz Weiterbildung

Prof. Dr. *Karlheinz A. Geißler*, Schlechinger Weg 13, D-81669 München
Prof. Dr. *Bernd Weidenmann*, Weidmoosweg 5, D-83626 Valley

Markus Berg, Peter Flume, Frank Michael Orthey, Jörg Ritscher,
Friederike Tilemann, Reinhold Wehner

Unternehmenstheater interaktiv

Themenorientierte Improvisation (TOI)
in der Personal- und Organisationsentwicklung

Beltz Verlag · Weinheim und Basel

Gesetzt nach den neuen Rechtschreibregeln
Lektorat: Ingeborg Sachsenmeier

© 2002 Beltz Verlag · Weinheim und Basel
www.beltz.de
Herstellung: Klaus Kaltenberg
Satz: Mediapartner Satz und Repro, GmbH, Hemsbach
Fotos: vitaminT-Archiv
Zeichnungen: Nora Scholz, Heidelberg
Druck: Druckhaus Beltz, Hemsbach
Umschlaggestaltung: Bernhard Zerwann, Bad Dürkheim
Umschlagabbildung: vitaminT-Archiv/Bruno Andreae
Printed in Germany

ISBN 3-407-36385-0

Inhaltsverzeichnis

»Ab hier geht es in die TOI-Praxis …«

»… und hier Tools für Ihre Seminar-Praxis!«

Warm-up

Liebesszenen in der Weiterbildung

Sie schaut ihn an. Er blinzelt mit den Augen, lächelt ihr zu. Sie geht zu ihm an den Tisch. Ein Gespräch beginnt. Sie gefallen sich, schmunzeln, scherzen. Ihre Blicke sagen weit mehr als ihre Worte … »Stopp!« ruft ein Herr. Er ist etwa Mitte vierzig, gut gekleidet und war bis dahin eher zurückhaltend. Jetzt aber stürmt er nach vorne zu dem Paar, das wie vom Blitz getroffen in seiner Position erstarrt ist. Er stellt sich hinter den Mann und sagt: »Das werden wir ja sehen, wer die Leitungsstelle bekommt – der andere Bewerber oder ich!« Da erhebt sich eine mindestens ebenso gut gekleidete Dame, tritt hinter die Frau und sagt: »Ich weiß doch genau, worauf das hinauslaufen soll, aber er gefällt mir trotzdem!« Was geht hier vor? – Hier wird TOI gemacht. **T**hemen**o**rientierte **I**mprovisation. Interaktives Unternehmenstheater bei laufendem Betrieb.

Wir befinden uns in den Konferenzräumen eines großen deutschen Unternehmens. Eine Runde von 26 Führungskräften ist hier versammelt. Keine Tischordnung, keine Namensschilder, kein Overheadprojektor. Auf der einen Seite des Raumes ist eine leicht erhöhte, schlichte schwarze Bühne. Hier agieren drei Schauspielerinnen und Schauspieler. Seitlich davor steht ein junger Mann, der die Gruppe und die Schauspieler im Blick hat. Durch seine Moderation weist er die Führungskräfte in ihre Interventionsmöglichkeiten ein, stellt Fragen, eröffnet Denkszenarien, verbalisiert Eindrücke und Stimmungen. Er gibt Impulse aus dem Publikum auf die Bühne weiter und von der Bühne ins Publikum, eröffnet so den themenorientierten Dialog und unterstützt Entscheidungsfindungen der Gruppe. Es wirkt, als wäre die Verbindung von Theater mit Unternehmensthemen die natürlichste Sache der Welt.

»STOPP! Entschuldigen Sie bitte, liebe Leserin und lieber Leser, dass ich diese Szene einfach so unterbreche. Ich verspreche Ihnen, dass Sie im Laufe dieses Buches noch viele weitere Szenen zu lesen bekommen. Ich bin der TOI-BOI. Ich begleite Sie durch dieses Buch. Sie werden mir immer wieder begegnen und können mit mir dann einen inhaltlichen ›Szenenwechsel‹ einleiten. Wie, das erfahren Sie gleich … doch zunächst möchte ich Sie mit der Struktur dieses Buches vertraut machen. Nachdem Sie mich jetzt kennen gelernt haben, sage ich erst einmal richtig ›Hallo‹!

*Hallo liebe Leserinnen und Leser, schön, dass Sie dieses Buch aufgeschlagen haben, um etwas über **T**hemen**o**rientierte **I**mprovisation (TOI) zu erfahren. Die TOI ist eine für Unternehmen, Bildungseinrichtungen und Seminare entwickelte pädagogische Form interaktiver Theaterarbeit. Was können Sie in diesem Buch erfahren und lesen?*

❖ *Sie können den Hintergründen der TOI in der Theater- und in der Lernlandschaft auf die Spur kommen (s. S. 14 ff.).*
❖ *Sie erfahren, welche Phasen eine TOI umfassen kann und welche Techniken zur Anwendung kommen können (s. S. 27 ff.).*
❖ *Sie werden anhand von fünf konkreten Beispielen die TOI-Praxis kennen lernen (s. S. 43 ff.).*
❖ *Sie finden außerdem Übungen aus dem Theaterbereich zur Bereicherung Ihrer eigenen Trainingsgestaltung (s. S. 123 ff.).*
❖ *Sie erhalten Informationen zu den erwachsenenpädagogischen Hintergründen der TOI (s. S. 140 ff.).*

Das alles bekommen Sie natürlich nur, wenn Sie das Buch auch lesen. Wie Sie es allerdings lesen, welche Zusammenhänge sich Ihnen in welcher Reihenfolge erschließen, das hängt von Ihnen ab. Und das funktioniert so: Jedesmal, wenn Sie eine Sache besonders interessiert, Sie einen Punkt weiterverfolgen oder vertiefen wollen, rufen Sie laut: ›STOPP!‹ Ja, Sie haben schon richtig gelesen. Sie müssen laut ›STOPP!‹ rufen. Nur so werden die Menschen um Sie herum auf Sie und Ihre Lektüre aufmerksam, nur so kommt echte spontane Kommunikation in Gang, ein Element, das wesentlich innerhalb der TOI ist.

   Nun gut, ich habe Sie ein wenig auf die Schippe genommen – aber haben Sie es ausprobiert? Hat es gewirkt? STOPPs sind bei der TOI nämlich ungeheuer wichtig. Wenn Sie dieses Buch lesen, können Sie das Stopp! natürlich auch leise verwenden. Um Ihnen die Entscheidung für ein Stopp! zu erleichtern, erscheine ich dann immer am Rand des Textes mit Verweisen auf andere Textpassagen, wo Sie ein Thema weiter vertiefen können. Möchten Sie so einen ›Szenenwechsel‹ einmal ausprobieren? Hier ein ›Test-Stopp‹:

Die Antwort finden Sie auf Seite 88

STOPP! Wie sieht so ein ›STOPP!‹ in der Praxis aus?

Selbstverständlich können Sie das Buch auch ganz normal von vorne nach hinten lesen. Damit würden Sie einfach der Anordnung folgen, die der Autorengruppe gefallen hat. Diese muss aber noch lange nicht die Ihre sein. Und: Über unterschiedliche Wahrnehmungen ein und desselben Sachverhalts werden Sie in diesem Buch noch genug zu lesen finden …

STOPP! Wie kann man Seminarteilnehmern unterschiedliche Wahrnehmungsperspektiven bewusst machen?

s. S. 110
Wahrnehmungsübung:
»Raum etablieren«

Ah, schön, ich sehe, Sie haben das Prinzip verstanden. Da ich noch ein bisschen Platz habe, werde ich Ihnen jetzt noch einen kurzen Überblick darüber geben, was für mich, den TOI-BOI, die TOI ausmacht. Rein subjektiv – versteht sich.

Als ich zum ersten Mal eine TOI erlebt habe, saß ich mit 80 anderen Teilnehmenden in einem Raum. Die Spielerinnen und Spieler standen vorne auf einer Bühne. Das Thema der Veranstaltung war ›Mobbing in unserem Unternehmen‹. Was mich am meisten beeindruckt hat, war, dass die Spieler keine vorbereiteten und inszenierten Texte rezitierten, sondern wir als Zuschauer immer wieder eingreifen und unsere Vorschläge machen konnten. Auch extreme Sachen. Einmal wollte ich es austesten. Da habe ich – ich traue mich kaum, es hier zu sagen – ›Stopp!‹ gerufen und den Vorschlag gemacht: ›Jetzt geht der Kollege ihr an die Wäsche.‹ Und genau das ist dann auf der Bühne auch passiert. Die meisten haben gelacht, aber hinter dem Lachen versteckte sich viel mehr: Nach der TOI stellte sich heraus, dass es diese Situation in unserer Abteilung tatsächlich schon einmal gegeben hatte …

Die Moderatorin sorgte dafür, dass wir unsere Meinungen und Ansichten einbringen konnten. Eigentlich waren wir gar keine Zuschauerinnen und Zuschauer mehr: Wir haben zum großen Teil mitgestaltet, was auf der Bühne passierte. Dafür hat die Moderatorin verschiedene Techniken eingesetzt, von denen mir einige ganz besonders in Erinnerung geblieben sind:

Zuerst einmal: das Stopp! rufen. Mit dem ›Stopp!‹ konnten wir jederzeit die Szenen anhalten und den Spielern Vorschläge machen, zum Beispiel den Ort oder die Zeit der Bühnenhandlung verändern. Das ist auch der Grund, warum Sie beim Lesen dieses Buches ›Stopp!‹ rufen sollen: damit Sie möglichst schnell zu den Themen kommen, die Sie interessieren.

»Stopp!« – Die TOI-Moderatorin vermittelt zwischen den Spielern auf der Bühne und den Teilnehmern.

Wir konnten den Spielern Sätze, Gedanken, Situationen oder Handlungen vor-geben, es war möglich, eine Szene nochmals ein Stück zurückzudrehen und sie dann mit neuen Sätzen und neuer Handlung nochmals spielen zu lassen. Dann ist mir der so genannte heiße Stuhl ganz besonders in Erinnerung geblieben. Im-mer wenn wir den heißen Stuhl forderten oder der Moderator ihn vorschlug, konnten wir dem Spieler in seiner Rolle Fragen stellen – auch Fragen, die ich meinen Kollegen niemals stellen würde.

Der Kollege, der im Bühnenspiel der Frau an die Wäsche gegangen ist, hat auf dem heißen Stuhl gesagt, dass es ihm einfach Spaß macht, seine Macht zu er-leben. Er meinte, er wisse ganz genau, dass sie sich nicht beschweren würde, weil sie zuviel Angst vor seinem Einfluss und um ihre Stelle hätte. Junge, Junge, da ist es mir echt kalt den Rücken runtergelaufen.

Auch an das Aussprechen von wahren Gedanken mitten im Spiel erinnere ich mich. Es ist interessant, erst zu hören, was einer sagt und dann zu erfahren, was er dabei wirklich denkt.

Nach einer Weile wurden wir aufgefordert, in Kleingruppen Drehbücher zu schreiben, die ausgehend von den Szenen Möglichkeiten aufzeigten, wie mit

Mobbingsituationen umgegangen werden kann. Das Ganze blieb also nicht nur beim Spiel auf der Bühne, sondern wir haben ganz konkret und intensiv an Lösungsmöglichkeiten gearbeitet. Diese Szenen haben dann die Spieler auf der Bühne dargestellt. Irre war, als sogar mal einer von uns aus dem Publikum auf die Bühne sprang und selber mitspielte. Bei diesen Lösungsdrehbüchern kamen wirklich vernünftige und in unserem Alltag direkt umsetzbare Vorschläge heraus.

Vor dieser Veranstaltung hatte ich mir unter Unternehmenstheater etwas ganz anderes vorgestellt. Aber diese direkte Auseinandersetzung mit den Bedürfnissen des Publikums und die spontane, realitätsnahe und doch spielerische Umsetzung unserer Themen auf der Bühne hat mich zu einem echten Fan der Methode gemacht. Deswegen habe ich auch meinen Job gekündigt und bin der TOI-BOI geworden. Ich lade Sie jetzt ein, zusammen mit mir die vielen anderen Techniken und Einsatzmöglichkeiten zu entdecken und so manchen neugierigen Blick hinter die Kulissen der TOI zu werfen.

Dabei geht es in diesem Buch auch immer ein bisschen zu wie bei einer richtigen TOI. Also, nicht vergessen: Laut ›STOPP!‹ rufen!«

Auf den Spuren der TOI

Berührungspunkte mit anderen Theater- und Lernformen

Spurensuche in der Theaterlandschaft

Die Spurensuche in diesem Kapitel führt an die Wurzeln und die Grenzen der Themenorientierten Improvisation (TOI). Dort kann noch Unbekanntes in Bekanntes eingeordnet werden, um das »Fremde« in Vertrautes umzuwandeln. Wo liegen die *Berührungspunkte* der TOI mit klassischem Theater, Improvisationstheater, Unternehmenstheater, Organisationsaufstellung, Rollenspiel, Systemischer Intervention oder Gruppendynamik? Was sind die *Erweiterungen* der TOI jenseits dieser Berührungspunkte? Mittels der Annäherung an diese und andere Fragen kann die TOI in die bestehende Theater- und Lernlandschaft eingeordnet werden. TOI ist zwar ein ziemlich flexibles Instrument, doch braucht man Grenzen, um klar zu kriegen, was dazugehört und was nicht. Salopp formuliert: Wer nach allen Seiten offen ist, ist nicht ganz dicht.

TOI und Theater

Zunächst stößt man auf eine offensichtliche Fährte: Da gibt es einen Raum mit einer Bühne oder einer Spielfläche. Auf dieser Bühne agieren ein oder mehrere Menschen, während ihnen andere dabei zuschauen. Diese Situation kann man als Theater bezeichnen.

Auch auf der Bühne finden sich Spuren in Richtung Theater: Die Szenen zeigen Personen, die aufgrund bestimmter Vorstellungen oder Werte auf eine bestimmte Art interagieren. Schon immer war es eine Funktion des Theaters, dem Publikum seine Einstellungen und Werte zu vergegenwärtigen, zu »spiegeln«.

Aber der aufmerksame Fährtensucher entdeckt noch eine Nebenspur: die Spur der Veränderung. Bereits in der klassischen Komödie bzw. in den unterhaltenden Zwischenspielen der klassischen Tragödie entwickelte sich eine Kultur des spöttischen Gelächters über die (Oberen der) Gesellschaft. Letztlich wirkte dieses kulturkritische Potenzial des Theaters in vielen repressiven Gesellschaftsformen – einem Überdruckventil ähnlich – jedoch systemerhaltend. Nach dem Lachen war der Spuk vorbei und alles blieb beim Alten.

Hier unterscheidet sich die TOI vom Theater. Sie ist keine Theateraufführung (mit schweigendem Publikum), sondern ein *interaktiver Prozess*, der die Chance zur Veränderung bietet: Die TOI etabliert kein Hierarchiegefälle nach dem Motto »Unten darf jetzt mal über Oben lachen!«. Bei der TOI ist es völlig ungewiss, wer über wen lacht – und ob überhaupt gelacht wird. Metaphorisch gesprochen gibt die TOI den Zuschauern einen Spiegel an die Hand, in dem sie sich selbst betrachten können: Welche Werte verfolgen wir? Wie kommunizieren wir miteinander? Welche Konflikte haben wir untereinander? – Entscheiden Sie: Welche Themen möchte ich mir überhaupt anschauen und welche lieber nicht?

Dieser Blick in den Spiegel ist aber noch kein Garant für Veränderung. Deshalb bietet die TOI den Teilnehmern auch Möglichkeiten an, ihre Selbstwahrnehmungen zu verarbeiten und gemeinsam nach neuen Verhaltensalternativen zu suchen und diese auszuprobieren.

STOPP! Solche Möglichkeiten möchte ich näher kennen lernen!

s. S. 32
Lösungsdrehbücher,
Theaterlabor

TOI und Improvisationstheater

Untersucht man die Handlung auf der Bühne genauer, so wird ein zweiter wesentlicher Unterschied zum klassischen Theater deutlich: Die Szenen sind nicht inszeniert, sondern improvisiert. Die TOI-Spieler haben keinen vorgefertigten Text – weder Handlung noch Szenenabfolge sind festgelegt. Alles entsteht erst in der Situation, im »Hier-und-Jetzt«. Damit steht die TOI auch in gewisser Weise in der Tradition des *Improvisationstheaters,* wie es Keith Johnstone in diversen Publikationen wunderbar beschrieben hat.

TOI ist jedoch interaktiver. Geht es beim Improvisationstheater in aller erster Linie um die Improvisationskunst selbst und das Erzählen von Geschichten, so hat die TOI durch die Mitbestimmung und die Beteiligung des Publikums noch zusätzlich eine gruppendynamische Komponente.

Improvisationstheater: spontanes, kurzweiliges Theater im Hier-und-Jetzt

Dies unterscheidet die TOI natürlich auch von fast allen Formen des inszenierten Theaters. Erst die Kombination aus Bühnenhandlung und intensiver
Publikumsbeteiligung gibt den Zuschauenden den Impuls, ihre Einstellungen
und ihr Verhalten zu reflektieren.

*s. S. 98
Almhütte oder
Raumschiff*

*STOPP! Ich möchte ein Beispiel dafür, wie das Publikum
durch die Interaktion neue Impulse erhält.*

Bei der Publikumsinteraktion begnügt sich die TOI nicht mit einer Vorgabe
zu Beginn einer Szene, wie es im Improvisationstheater häufig zu sehen ist.
Die Zuschauer können auch während der Handlung intervenieren und die
Weiterentwicklung beeinflussen.

Durch diese Partizipation am Verlauf der Bühnengeschehnisse erhalten sie Mitverantwortung für die Inhalte der improvisierten Handlungen. Diese Interaktion zwischen Publikum und TOI-Ensemble wird von einem Moderator oder einer Moderatorin strukturierend unterstützt.

STOPP! Ich möchte ein Beispiel aus der Praxis!

*s. S. 70
Neubeginn auf einer
einsamen Insel*

TOI und Unternehmenstheater

Vielleicht ist Ihnen der Begriff *Unternehmenstheater* in letzter Zeit häufiger in Zeitschriften oder Diskussionen begegnet. Hinter ihm steht die Erkenntnis, dass die gängige Unternehmenskommunikation oft sehr rational angelegt ist: Printmedien, wie Direkt-Mailings oder Zeitschriften, Internet und Intranet, Vorträge mit Folienschlacht oder animierter Beamerpräsentation, Zielgespräche, moderierte Gruppenworkshops oder Informationsmärkte sollen die Mitarbeiter dazu bewegen, Visionen, Führungsverhalten, Teamfähigkeit, Kundenorientierung oder Innovationsfähigkeit zu entwickeln. Doch all diese Medien sprechen den Menschen emotional oft nur wenig an. – Deshalb findet in Deutschland seit einigen Jahren das Theater auch von Unternehmensseite stärkere Beachtung.

*Flume u.a. 2001;
Schreyögg u.a. 1999*

Ellermann 1998

In einer lebendigen, bildhaften Inszenierung lassen sich nicht nur Worte, sondern auch Emotionen besser thematisieren. Das soziale und emotionale Kommunikationsmedium Theater schmilzt das Eis weg, das die Veränderungsbereitschaft der Individuen blockiert. Dieser so genannte *Unfreezingprozess* ist die Voraussetzung dafür, dass Absender einer Veränderungsbotschaft ihre Adressaten überhaupt erreichen können.

In Frankreich hat das théâtre d'entreprise bereits eine längere Tradition. Dort findet seit 1991 jährlich das Festival international du théâtre d'entreprise statt, auf dem für Unternehmen erstellte Theaterstücke präsentiert werden. Nach Schätzungen gab es in Frankreich allein 1998 etwa 2.000 Unternehmenstheaterstücke.

Allerdings erscheint der Begriff *Unternehmenstheater* unglücklich gewählt: diese Theaterform macht auch in Schulen, Vereinen, sozialen Einrichtungen, also generell in allen Organisationen Sinn. Synonym verwendete Begriffe, wie business theatre, Wirtschaftstheater, Industrietheater, Managementtheater oder Seminartheater zeigen aber, dass das bisherige Einsatzfeld eindeutig in gewinnorientierten Organisationen liegt. Neutrale Begriffe, wie Bedarfsorientiertes Theater, Organisationstheater oder Systemtheater sind daher zutreffender für diese Form. In Deutschland hat sich allerdings *Unternehmenstheater* als Begriff etabliert.

Spielen nach Drehbuch – Der von einem Regisseur beobachtete Konflikt wird auf der Bühne dargestellt.

Man kann die TOI also dem Unternehmenstheater zurechnen, sie ist interaktives Unternehmenstheater. Damit hat die TOI einen anderen Interventionsfokus als ihr inszeniertes Pendant. Letzteres basiert auf der Grundlage eines zuvor mit den Auftraggebern abgestimmten Drehbuchs.

Den Regisseur eines inszenierten Unternehmenstheaters kann man sich wie einen Maler vorstellen, zu dem ein Auftraggeber kommt. Je nach Auftraggeber hat der Maler mehr oder weniger Gestaltungsfreiraum für sein Bild. Entweder hat der Auftraggeber schon eine konkrete Vorstellung über das Aussehen des Bildes. Oder er lässt dem Maler mehr Freiheiten und dieser kann seine eigene Sichtweise dann verstärkt einfließen lassen.

Durch das fertige Gemälde sollen die Betrachter entweder *Problembewusstsein* entwickeln, informiert oder unterhalten werden: Sie setzen sich hier mit genau der einen Perspektive des Malers auseinander: Sie können durch diese tief angesprochen werden oder völlig abgeneigt reagieren. Verantwortlich für die Inhalte bleiben Auftraggeber und Maler.

TOI dagegen bietet einen Spiegel an, in dem man sich selbst und die eigene Situation betrachten kann. Dabei steht es frei, welchen Ausschnitt und welche Perspektive man wählt. So erhalten die Betrachter Mitverantwortung für das, was im TOI-Spiegel sichtbar wird – und was nicht.

Blick hinter die Kulissen: Spiegelung statt Interpretation

Konstruktivistisch gesehen beobachten also die Zuschauer bei einem inszenierten Unternehmenstheaterstück die Beobachtungen eines anderen Beobachters. Sie erleben, wie sie eine dritte Person erlebt hat. Die TOI liefert keine fertigen Beobachtungen, sondern sie ist das Beobachtungsinstrument selbst.

STOPP! Konstruktivistisch? Ich möchte wissen, was es damit auf sich hat!

s. S. 145
TOI-Interventionen als Systemtaugliche Initratationen

Bezogen auf den Unternehmenskontext können die Zuschauer mit der TOI ihren Arbeitsalltag so auf die Bühne bringen, wie er in ihren Köpfen existiert. Die TOI-Spieler dienen als Protagonisten verschiedener Meinungen und als Projektionsflächen für Emotionen. Nimmt man an, dass jede Person ihre eigene Wirklichkeit im Kopf hat, so fungiert die TOI hier als Austauschforum für individuelle Wirklichkeitskonstruktionen. Denn gerade unterschiedliche Wahrnehmungen führen in Betrieben häufig zu Konflikten.

STOPP! Wie funktioniert das denn methodisch, »unterschiedliche Wahrnehmungen deutlich zu machen«?

s. S. 40
Replay

Spurensuche in der Lernlandschaft

TOI und Organisationsaufstellung

*Moreno 1989,
S. 46*

Wer kann mit wem? Wer kommuniziert mit wem? Wie empfindet ein Mitarbeiter seine Kollegen? Diese Beziehungsfragen werden in letzter Zeit oft durch *Strukturaufstellungen* erkundet, deren Techniken dem Psychodrama und Soziodrama (ursprünglich nach Jakob L. Moreno) entstammen und in neuerer Zeit von Systemischen Interventionsformen (wie z.B. der systemischen Familientherapie) weiterentwickelt wurden. Das Ziel dieser »szenisch-therapeutischen« Techniken ist es nicht, aus Teilnehmern Schauspieler zu machen, sondern sie dazu anzuregen, »das … zu sein, was sie *sind*, und zwar in tiefgehenderer und ausdrücklicherer Weise, als sie es im Leben zu sein scheinen«.

In der TOI werden Sie psychodramatische Spuren finden, denn einige der TOI-Techniken sind an psychodramatische Methoden angelehnt. Ein wesentlicher Unterschied besteht jedoch darin, dass nicht die Teilnehmer auf der Bühne agieren, sondern externe Schauspieler – und dies hat seine Gründe.

*s. S. 35
Doppeln*

STOPP! Ich möchte ein Beispiel für eine solche Methode!

Psychodrama und verwandte Methoden wie Struktur- oder Organisationsaufstellungen wirken intensiv. Für Trainer oder Berater ist im knappen Zeitrahmen aber schwer kalkulierbar, welche Konflikte und Emotionen durch sie aufgedeckt werden und bearbeitbar sind. Ebenso schwer einschätzbar erscheinen die emotionalen Auswirkungen auf die Beteiligten. Deshalb stellt die TOI externe Schauspieler zur Verfügung, die in die Rolle der Betroffenen schlüpfen. Somit entsteht eine Art *Arbeitsteilung* zwischen Spielern und Zuschauern, die bei der szenischen Bearbeitung schwieriger Situationen einen Kompromiss zwischen aktiver Beteiligung und emotionaler Sicherheit bietet:

❖ Die Zuschauer definieren eine Konfliktsituation.
❖ Die Schauspieler durchleben diese Situation als Protagonist stellvertretend für die Zuschauer und bieten somit den Zuschauern eine Projektionsfläche für ihre individuelle Erfahrungswelt.

Bei intensiven emotionalen Szenarien bietet dieses Setting den Zuschauenden eine Schutzoption, wenn die emotionale Betroffenheit in die nicht mehr produktive innere Verabschiedung oder die massive Kränkung zu führen droht. Das Wissen um diese schützenden Rückzugsmöglichkeiten führt zu einer Verstärkung der Sicherheit und letztlich zu einem »Mehr-Zulassen-Können«.

Damit ist die TOI für Berater und Trainer ein Visualisierungsinstrument von unterschwelligen, tabuisierten Themen mit kalkulierbarem Risiko für die Beteiligten. Sie kann eine für die Beteiligten dosierbare, und das heißt selbst wählbare Betroffenheit erzeugen. Einerseits wird natürlich der emotionale Tiefgang – beispielsweise im Vergleich zu gruppendynamischen Verfahren – begrenzt. Andererseits ist er – wenn er gewollt wird – möglich, und dies unter relativ gut geschützten Bedingungen für die beteiligten Personen. Gleichzeitig wird durch die eröffnenden und zugleich schützenden und Sicherheit zugänglich machenden Möglichkeiten der TOI die Annäherung an tabuisierte Themen schneller ermöglicht, also wirksam, sichtbar, spürbar, bearbeitbar.

STOPP! Das kann ich mir – glaube ich – besser an einem konkreten Beispiel oder an einer Szene vorstellen.

s. S. 93
»Der blaue Montag«

TOI und Rollenspiel

Wie kann man sich als Mensch effektiver in seinen realen Rollen verhalten? Zum Beispiel als Vorgesetzter, Angestellter, Elternteil, Partner oder Freund? Im Rollenspiel steht es den Spielenden frei, sich in einer Rolle zu üben und zu versagen, denn er oder sie weiß, dass die Gelegenheit besteht, immer noch eine weitere Alternative zu erproben – und zwar so lange, bis er oder sie eine neue, befriedigende Verhaltensalternative gefunden hat.

Aber was tun, wenn keiner der Beteiligten »selbst spielen« möchte? Wenn die Scheu, sich vor den Kollegen zu exponieren, zu groß ist? »Die TOI nimmt das Spielen ab – erst einmal«. Sie bietet den Zuschauenden einen klaren und raschen Einstieg ins Thema und in die Interaktion mit der Bühne. Mitspielen ist kein Muss, sondern eine Option, die entlastend auf die Teilnehmer wirkt.

Diese Entlastung ist zudem sinnvoll, da oft zu Beginn eines Prozesses persönliche Tabus bestehen. Mitarbeiter scheuen sich häufig, diese in einem Rol-

VISUALISIERUNG durch Rollenspiel (handschriftliche Notiz)

lenspiel darzustellen. TOI-Spieler brauchen diese Zurückhaltung nicht zu haben. Genau das – die Visualisierung von Verborgenem oder Unaussprechbarem – ist ja ihre Aufgabe im TOI-Prozess. Dies gibt den Teilnehmenden auch die Freiheit, Eingaben zu wagen, die »kritisch oder grenzwertig« sind. Sie können ja sicher sein, dass sie dies nicht selbst darstellen müssen.

Gleichzeitig wird damit das Individuum geschützt: Wenn zum Beispiel die Kollegin eine ausfallende Führungskraft überzeugend darstellt, so könnte die Gefahr bestehen, dass ihre zuschauenden Kollegen dieses Bild in den Alltag mitnehmen. Die gespielte Rolle könnte der Mitarbeiterin in der Realität anhaften. Durch die Mitwirkung der professionellen TOI-Spieler wird auch das gesamte Rollenspiel »lebensnäher«: Während Laiendarsteller ihre Rollen oft nicht konsequent durchhalten, zu kichern beginnen oder bei Tabuthemen aus der Rolle fallen, sorgen die TOI-Spieler für die realistische Darstellung. Dadurch wird es auch den spielenden Teilnehmern als Gegenpart erleichtert, in ihrer Rolle zu bleiben. Und die zuschauenden Teilnehmer werden stärker in die dargestellte Situation involviert, die Auseinandersetzung mit dem Thema wird beschleunigt.

TOI und systemische Intervention

Veränderung des Einzelnen bewirkt Veränderung des Systems (handschriftliche Notiz)

Königswieser/Exner 1999; Wilke 1994 und 1995

»Verändere, indem du nicht veränderst. Wenn du veränderst, verändert sich gar nichts.« Und: »Jede Veränderung muss Selbstveränderung sein.« Diese Sätze bringen das systemische Interventionsverständnis auf den Punkt.

Eine systemisch inspirierte Sichtweise auf Veränderungs- und Lernprozesse baut auf der Prämisse der Unwahrscheinlichkeit des Gelingens fremdgesteuerter Eingriffe und trivialer Intervention auf. Sie setzt auf die Selbststeuerungspotenziale des Systems und: Sie vertraut darauf! Zur Aktivierung dieser Selbststeuerungsmöglichkeiten bieten systemische Interventionen nur (!) Anreize. Dabei handelt es sich um systemtaugliche Irritationen, also um Verwirrungen, mit denen eine Person oder eine Gruppe »für sich« etwas anfangen kann.

s. S. 145
TOI-Interventionen
Irritationen

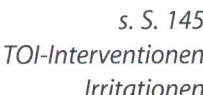

STOPP! Ist das pädagogisch sinnvoll? Was sind die Hintergründe?

> ### Mauerschau: Systemische Intervention am Beispiel eines kleinen gallischen Dorfes
>
> Anwesend sind bei der ersten Beratungssitzung neben den systemischen Beratern der Häuptling, die bekannten Dorfhelden Asterix und Obelix sowie der Druide. Beratungsanlass ist der Eindruck des Häuptlings, dass sein Dorf nicht mehr so hoch motiviert und schlagkräftig ist, wie in der Vergangenheit. In einer ersten Beratungssitzung wird mittels zirkulärer Fragetechniken die Rolle der Römer für die Dorfgemeinschaft herausgearbeitet: Sie sind ein notwendiges und daher von ihnen gepflegtes Feindbild, das die Funktion hat, den Heldenstatus von Asterix und Obelix zu erhalten. Am Ende der Sitzung fragen die Berater Asterix nach einer Einschätzung der Beratungssituation: Wie glaubt er, hat sich das Interesse der Beteiligten an der beraterischen Begleitung entwickelt? Asterix schätzt, »dass beim Druiden und beim Häuptling das Interesse eher zugenommen habe, bei ihm selbst seien eine Menge neuer Fragen entstanden, über die er erst nachdenken müsse; Obelix würde die ganze Sache vielleicht als nicht genügend handfest betrachten, und er würde eher damit rechnen, dass dieser auf dem Nachhauseweg mehrfach laut vor sich hin murmeln würde: ›Die spinnen, die systemischen Berater‹.«

Schmid 1996, S. 186

Die TOI ist eine Möglichkeit, einem System – also Einzelpersonen oder Gruppen – solche Anreize zugänglich zu machen, die zur Selbstveränderung genutzt werden können. Insofern kann die TOI pädagogisch als eine systemische Form der Intervention begründet werden. Die Besonderheit der TOI als eine solche systemische Form, Veränderungs- und Lernprozesse in Gang zu setzen, lässt sich in zwei Aspekten zusammenfassen:

❖ Die TOI bietet für ganz unterschiedliche Sinneskanäle *Optionen* an, die eine Ahnung davon vermitteln, wie die Veränderungen aussehen (sich anfühlen, sich anhören) bzw. wohin diese führen könnten. Das gibt denen, die angesprochen werden, ein Mindestmaß an *Sicherheit*. Und diese Sicherheit macht selbst gesteuerte Veränderungsaktivitäten wahrscheinlicher.

❖ Der Charme der TOI liegt – systemisch betrachtet – darin, dass sie ein breites Spektrum von Anschlussmöglichkeiten für die betroffenen Personen anbietet. Es gibt nicht nur einen Anreiz, nicht nur einen Weg, der sich abzeichnet, nicht nur eine einzige Perspektive, sondern es gibt mehrere davon, die in unterschiedliche Richtungen verweisen. Und diese können zudem miteinander verglichen werden, indem sie nacheinander auf der Bühne sichtbar werden. Damit unterstützt die TOI auch die anstehenden Auswahlprozesse derer, die sich verändern bzw. die lernen wollen. TOI bietet neue Möglichkeitshorizonte und Wahlhilfen gleichermaßen an.

TOI und Gruppendynamik

Bei unserer bisherigen Spurensuche war einige Male von »gruppendynamischen Aspekten« die Rede. Sie haben vom »Hier-und-Jetzt« gelesen, von Ängsten, Kränkungen und Prozessen. Das ließ sicher all diejenigen aufhorchen, die als Leitende mit gruppendynamischen Prozessen in Lern- oder Arbeitsgruppen zu tun haben. Gruppendynamik hat dabei den Vor- oder – wenn Sie wollen – Nachteil, dass alle, die mit Gruppen arbeiten, es damit zu tun bekommen. In diesem Zusammenhang bezeichnet Gruppendynamik das, was sich in Gruppen auf der personenbezogenen Ebene und der sozialen Beziehungsebene dynamisch entwickelt. Wir verwenden den Begriff deshalb, weil die TOI diese gruppendynamischen Prozesse in einem Sinne ansteuert, die der Gruppendynamik als Kommunikations- und Steuerungskonzept nahe steht. In dieser Bedeutung wurde »Gruppendynamik« in den dreißiger Jahren durch den in die USA emigrierten Psychologen Kurt Lewin als Bezeichnung für die sich entwickelnde Kleingruppenforschung verwendet. Seither hat sich Gruppendynamik in vielen Anwendungsfeldern zu einem Konzept entwickelt, das auf die Freisetzung und Nutzung von psycho- und soziodynamischen Prozessen zur Ermöglichung von personalen Veränderungen und zur Optimierung der Arbeitsfähigkeit von Gruppen und Teams abzielt.

*König 1994
Geißler/Hege 1992,
S. 138ff.*

    TOI ist weder Gruppendynamik noch gruppendynamische Methode. Aber sie steuert die gruppendynamische Ebene gezielt an und korrespondiert eng mit gruppendynamischen Prinzipien. Zwei davon werden nun kurz erklärt.

Das Dreistufen-Modell des Lernens

Kurt Lewin konzipierte ein Dreistufen-Modell des Lernens. Er geht davon aus, dass der Mensch, bevor er etwas Neues lernen kann, zunächst einmal alte Verhaltens- bzw. Einstellungsweisen verlernen muss. Dies betrifft besonders die Veränderung von Einstellungen und Verhaltensweisen. Die Lernenden müssen also einen Teil von sich, von dem für sie Selbstverständlichen, aufgeben. Dieser Ablösungsprozess setzt häufig Abwehrkräfte, Verhaltensunsicherheiten und Desorientierungen frei. Diese zuzulassen ist jedoch Voraussetzung für den Lernprozess. Lewin sieht diesen Veränderungsprozess dreiphasig:

1) Die Phase *des Auftauens* (»unfreezing«) festgefahrener Verhaltensmuster,
2) die Phase der Veränderung (»changing«) und
3) die Phase *der Stabilisierung* neu erworbenen Verhaltens (»refreezing«).

TOI unterstützt in allen drei Phasen diesen Veränderungsprozess der Person. Dies erreicht sie durch ihre Wirkungen in der semirealen Wirklichkeit des Bühnen-Zuschauer-Systems: Zunächst wirkt sie als Spiegel und macht so Verhaltensmuster erst einmal sichtbar. Dann schlägt sie auf der Bühne Alternativen für Veränderungen vor und zeigt Möglichkeiten, diese Alternativen auch umzusetzen. Letztlich bietet die TOI eine Erprobung des neu gewählten Verhaltens an. Sie macht also zunächst virtuell das zugänglich, was später real werden kann, soll oder wird. Sie öffnet Türen für Veränderungen, die aber von den beteiligten Personen selbst durchschritten werden müssen. Die Veränderung auf der Bühne kann die Veränderungen der Teilnehmenden durch Lernen nur initiieren und dann unterstützend begleiten.

STOPP! Gibt es dafür ein praktisches Beispiel?

s. S. 108
*Improvisierte
Gästeorientierung*

Das Hier-und-Jetzt-Prinzip

Beim Hier-und-Jetzt-Prinzip, das die TOI mit der Gruppendynamik verbindet, wird davon ausgegangen, dass in Lernprozessen die Beteiligten aus der *Lernsituation selbst* Erkenntnisse ziehen können. Das Ausleuchten, die Reflexion und das Verändern von Strukturen und Verläufen von Situationen sind hierfür unverzichtbar. Zentral ist der bewusste Umgang der Gruppenmitglieder mit dem Zusammenwirken von Erkenntnissen, Erfahrungen und Werten innerhalb des augenblicklichen Geschehens. Das verursacht oft individuelle und kollektive Betroffenheit. Dies geschieht, wenn beispielsweise die TOI auf der Bühne darstellt, wie die Mann-Frau-Konkurrenz, um die es eigentlich im Dort-und-Draußen gegangen war, sich im aktuellen Geschehen spiegelt – wenn zum Beispiel während der Darstellung der Dort-und-Draußen-Situation im Hier-und-Jetzt Frauen diskriminiert wurden. Die entstehende Betroffenheit setzt dann möglicherweise Motivation für alternative Erkenntnisse frei. Lernen setzt hier bei konkreter Selbst- und Situationserfahrung an. Die TOI ergänzt dieses Lernprinzip, indem sie eine einfache und zugleich sehr wirksame Form zur Verfügung stellt, sich das Hier-und-Jetzt nochmals anzuschauen. Dies geschieht im Bühnenraum, es wird dort sichtbar, sinnlich erfahrbar, wird wiederholbar und zugleich wird es möglich, die vielschichtigen Hintergründe – zum Beispiel durch *wahre Gedanken* oder den *heißen Stuhl* – auszuleuchten.

s. S. 63
»Kapitän über
Board!«

STOPP! Na, neugierig geworden? Interessiert Sie ein Praxisbeispiel, wie sich die gruppendynamische Komponente der TOI entfaltet?

Rückblende		
TOI und …	**Berührungspunkte**	**Erweiterungen**
Theater	Einstellungen und Werte vergegenwärtigen .	TOI als Instrument zur Systemveränderung.
Improvisationstheater	Szenen im Hier-und-Jetzt improvisieren.	Permanente Interaktionsmöglichkeiten der Teilnehmenden.
Unternehmenstheater	Veränderungsbotschaften nicht nur verbal, sondern auch emotional thematisieren.	TOI als Austauschforum unterschiedlicher Wirklichkeitskonstruktionen anstatt Vermittlung einer vorbereiteten Perspektive.
Organisationsaufstellung	Beziehungen visualisieren und bearbeiten.	Arbeitsteilung zwischen TOI-Spieler und Teilnehmenden zur freien Wahl des Grades emotionaler Betroffenheit.
Rollenspiel	Rollenverhalten spielerisch ausprobieren, reflektieren, verändern.	TOI-Spieler zur Überbrückung der »Spiel-Unlust«, zum Anspielen von Tabus, zur »wirklichkeitsnäheren« Situationsdarstellung.
Systemische Intervention	Initiierung des Selbststeuerungspotenzials der Beteiligten.	Veränderungsalternativen auf unterschiedlichen Sinneskanälen besser erfahrbar machen.
Gruppendynamik	Lernen nach dem Dreistufenmodell im Hier-und-Jetzt.	Gesteigerte Reflexionsmöglichkeiten durch Wiederholbarkeit des Hier-und-Jetzt.

»Schluck … äh Stopp! Ich brauche eine Pause! Die habe ich mir nach diesem Kapitel auch verdient!«

Blick ins Programmheft

Phasen und Techniken der TOI

Visualisierung, Lösungsalternativen und mehr: Phasen der TOI

»Sie möchten sich noch mehr Grundwissen über die TOI aneignen? Kein Problem. Auf den folgenden Seiten können Sie zum Beispiel erfahren, wie eine TOI zeitlich abläuft: Die verschiedenen Phasen werden hier schematisch dargestellt. Sicher haben Sie als Kind auch mal im Werkzeugkasten der Eltern gestöbert und die – vielleicht noch fremden – Werkzeuge untersucht. Im folgenden Buchteil können Sie das gleiche mit den »TOI-Werkzeugen« machen. Viel Spaß beim Untersuchen der TOI!«

Die nun folgenden Phasen Briefing, Konzeption und Probe sind die Vorbereitung auf die eigentliche szenische TOI vor Ort.

Briefing

Eine TOI ist improvisiert – aber auch themenorientiert. Im Briefinggespräch, das jeder TOI vorangeht, bearbeiten TOI-Projektleiter und Auftraggeber gemeinsam die zentralen Themen im Hinblick auf das anstehende interaktive Unternehmenstheater. Gegenstand des Briefings sind beispielsweise folgende Themen:

❖ Ausgangssituation im Unternehmen.
❖ Ziel des Prozesses oder der Veranstaltung, in die die TOI eingebunden werden soll.
❖ Das Ziel, das mit der TOI konkret verfolgt werden soll.
❖ Merkmale der anwesenden Zuschauer, die aus Sicht des Auftraggebers erwähnenswert sind.

Die Gesprächspartner beim Briefing (Auftraggeber) vermitteln hier ihre subjektive Perspektive. Die TOI soll aber später möglichst viele Perspektiven visualisieren. Für das Briefing hat sich deshalb ein eher non-direktiver Gesprächsführungsstil als am besten geeignet herausgestellt. Damit fängt die TOI in gewisser Weise bereits beim Briefinggespräch an: Die Auftraggeber erzählen, was ihnen aus ihrer Sicht wichtig erscheint. Erst im weiteren Verlauf wird der TOI-Projektleiter eine aktivere Rolle einnehmen, indem er zu bestimmten Verfahrensweisen zu- oder abrät. Zudem werden in diesem Gespräch organisatorische Details und Rahmenbedingungen für die TOI abgeklärt.

Konzeption

Mit diesen Informationen »aus der Sicht des Auftraggebers« macht sich der TOI-Projektleiter nun an die Konzeption der TOI – aus seiner Sicht: Welche Phasen der TOI sollen vor Ort eingesetzt werden? Reicht vielleicht eine Visualisierungsphase – ohne das Verfassen von Lösungsdrehbüchern?

s. S. 44
Konzeption   *STOPP! Gibt es dafür ein Praxisbeispiel?*

Wie wird das TOI-Team zusammengesetzt? Sind mehr männliche oder mehr weibliche Spieler bzw. Spielerinnen sinnvoll oder spielt dieser Aspekt keine Rolle? Benötigt der TOI-Moderator bestimmte Fachkenntnisse?

Wie stark sollte der Realitätsbezug der TOI-Szenen sein? Ist beispielsweise zu erwarten, dass die Zuschauenden so tief »im Prozess stecken«, dass der Einsatz einer Metapher notwendig wird? Macht es Sinn, zum Beispiel einen Vortrag als Einstieg in das Thema voranzustellen?

s. S. 67
Blick hinter die
Kulissen: Metaphern
s. S. 80
Ablaufstruktur   *STOPP! Für den Einsatz einer Metapher möchte ich ein Praxisbeispiel lesen! Gibt es auch für einen Vortrag als Einstieg ein Praxisbeispiel?*

Tipps für Veranstalter von interaktivem Unternehmenstheater

Statten Sie das Ensemble mit den wichtigsten Informationen zur Veranstaltung aus!

❖ Warum findet die Veranstaltung statt? Was sind die Ziele?

❖ Wie sieht das gesamte Design der Veranstaltung aus?

❖ Wie setzt sich das Publikum zusammen? (Berufe, Abteilungen, Funktionen, Geschlecht, Alter, Anzahl etc.)

❖ Welche Einstellungen haben die Teilnehmenden zu ihrem Beruf, ihrem Unternehmen, den Kollegen und gegenüber dem Veranstaltungsthema?

❖ Kommen sie freiwillig zur Veranstaltung?

❖ Gibt es verschiedene Interessengruppen im Publikum? Gibt es eventuell einen Personenkreis, der einem Theater-Einsatz skeptisch gegenübersteht?

❖ Welche Erwartungen haben Sie als Veranstalter an den TOI-Einsatz?

❖ Erhalten die Teilnehmenden im Vorfeld Einladungen? Wissen diese vom Einsatz des interaktiven Unternehmenstheaters? Wenn ja, welchen Informationsstand haben sie über die Methode?

Statten Sie das Ensemble bei Bedarf auch mit relevantem Hintergrund- und Detailwissen aus! Zum Beispiel:

❖ Welche wichtigen Begriffe, Phrasen oder Namen gibt es?

❖ Welche Rollen oder »Schauplätze« könnten in der TOI vorkommen?

❖ Gibt es »interne« Kult-Geschichten oder running gags?

❖ Welches fachliche Hintergrundwissen könnte für das Ensemble noch relevant sein? (Strukturen, Prozesse, Produkte, Philosophie etc. Ihrer Organisation)

Achten Sie auf klare Rahmenbedingungen!

❖ Wann wird das Ensemble wie eingebunden? Wer kündigt es wie an?

❖ Ist freie Sicht auf die Bühne gewährleistet? Ist die Spielfläche groß genug? (mind. 5 m breit, 3 m tief) Führt eine Treppe auf die Bühne, um auch mit Teilnehmenden auf der Bühne arbeiten zu können? Ist der Bühnenhintergrund geeignet?

❖ Ist sichergestellt, dass während des Auftritts keine Speisen und Getränke serviert werden und Lärm von außen vermieden wird?

Außerdem sollten Sie unbedingt einen Technikcheck durchführen.

❖ Sind mindestens zwei große, dimmbare Scheinwerfer vorhanden, die vor der Bühne aufgestellt oder an der Decke montiert sind?

❖ Sind in den Räumlichkeiten Mikrofone notwendig? Verwenden Sie qualitativ hochwertige Headset-Mikrofone und statten Sie den Moderator darüber hinaus mit einem portablen Funkmikrofon aus, damit auch Stimmen im Publikum eingefangen werden können.

❖ Ist genug Zeit vor oder während der Veranstaltung, in der das Ensemble die Bühne, den Zuschauerraum sowie Ton und Beleuchtung checken können?

Probe

»Prrroooooobbbbbeeeee???? Ich dachte TOI ist eine improvisierte Form! Wozu eine Probe? Ist das vielleicht doch nur ein abgekartetes Spiel? Also, da müssen jetzt wirklich gute Argumente kommen!«

Vorbereitete Offenheit – so könnte man die TOI charakterisieren. Mit Probe ist weder Inszenierung gemeint, wie man es vom klassischen Theater kennt, noch wird dabei das Spektrum möglicher Szenen auf eine bestimmte Szenenabfolge reduziert. Stattdessen wird die Basisfähigkeit der Improvisationskunst mit dem für den Auftrag notwendigen Hintergrundwissen verknüpft. Was findet also statt in der TOI-Probe?

❖ Der TOI-Projektleiter vermittelt die wesentlichen Inhaltspunkte des Briefings »aus seiner Sicht« an das Team.
❖ Die Spieler identifizieren und erkunden Rollen, die eventuell auftreten können, um diese möglichst authentisch darstellen zu können.
❖ Es erfolgt hier ein gewisses »Teambuilding« für das TOI-Team.
❖ Falls eine Metapher zur Distanzierung vom Berufsalltag eingesetzt werden soll, erkundet das Ensemble die Möglichkeiten der in Frage kommenden Metaphern.

TOI-Spieler bei der Probe

Genug der Vorbereitung. Die nun folgenden Phasen: Visualisierung, Reflexion, Verfassen von Lösungsdrehbüchern und Theaterlabor stellen die eigentliche Auftragsabwicklung vor Ort dar.

Visualisierung

Das TOI-Team kommt auf die Bühne. Der Moderator stellt dem Publikum die wichtigsten Techniken vor, die zur Interaktion mit den Spielern angewandt werden können *(STOPP, Sätze vorgeben, Mitspielen als Option)*. Und dann betreten Publikum und Spieler gemeinsam den »unendlichen Szenenraum« – niemand weiß, welche konkreten Szenen und Rollen in der nun beginnenden Visualisierungsphase auftauchen werden.

Die Teilnehmenden konstruieren Szenen aus ihrem Alltag, definieren Rollen – die Spieler dienen ihnen dabei als Visualisierungsmedium. Nach zirka 30–60 Minuten endet diese Konstruktion. Das Resultat: Ein allgemeines Thema oder Problem hat sich konkretisiert, eine oder mehrere Schlüsselszenen haben sich herauskristallisiert und sind lebendig geworden. Man könnte behaupten, dies alles sei zufällig – dennoch spiegelt die Szene bzw. die interaktiv entstandene Geschichte einen augenblicklichen Zustand der Teilnehmer wider, beispielsweise Konflikte im Unternehmen oder Unsicherheiten angesichts anstehender Entscheidungen und Veränderungsprozesse. Es ist *ihre* Geschichte, die auf der Bühne entsteht – einmalig und unwiederholbar.

STOPP! Das klingt noch zu abstrakt.
Dieses Buch beinhaltet einige Praxisbeispiele, in denen diese Visualisierungsphase ausführlich beschrieben ist.

s. S. 47
Visualisierung des Themas

Reflexion und Transfer

Welche Szenen sind auf der Bühne entstanden? Wie kam es zu dem visualisierten Problem? Was haben die Szenen mit unserem Unternehmensalltag zu tun? Und wie haben wir uns eigentlich selbst als Publikum verhalten? Die Nacharbeit ist der Garant, dass die TOI nicht nur eine »nette Theateraufführung« bleibt, sondern wirklich Veränderungen anstößt.

Lösungsdrehbücher

Veränderungen sollten aber nicht nur in den Köpfen Einzelner stattfinden. Daher wird die szenische Visualisierung mit thematischem Austausch in Kleingruppen von drei Teilnehmenden oder auch in moderierten Gruppen mit 20 Teilnehmern kombiniert. Hier erarbeiten die Zuschauer in Form eines Drehbuchs eine Lösung, die dem dargestellten Konflikt – aus *deren* Sicht – eine positive Wendung geben könnte.

s. S. 89
Drehbuchwerkshops

STOPP? Wo kann ich dazu ein Praxisbeispiel lesen?

Theaterlabor

Aber Papier ist geduldig. Und ein Happy End ist schnell konstruiert. Werden die »Papierlösungen« umgesetzt, so zeigen sich schnell deren Möglichkeiten und Grenzen. In der Realität wäre der Plan möglicherweise gescheitert. Deshalb können die Zuschauer im Theaterlabor ihre Lösungen testen – in einer Art *vorgeschalteter Realität mit Netz und doppeltem Boden*. Sie können frei entscheiden, ob sie selbst die Lösung spielen oder die TOI-Spieler dies übernehmen. Am Ende dieser Phase existieren noch keine fertigen Lösungen – aber gedankliche Impulse und Lösungsansätze, die zu Lösungen beitragen können.

s. S. 60
Theaterlabor

STOPP! Ich möchte jetzt ein Praxisbeispiel kennen lernen, das diesem Ablauf folgt!

Griff in den Werkzeugkasten: Techniken der TOI

»Quieetsch, Knaarrrr« – langsam öffnet sich der Deckel des Kastens, in dem sie liegen sollen – die Werkzeuge der TOI. Man kennt das ja von seinem eigenen Werkzeugkasten: Die Werkzeuge liegen kreuz und quer herum. Aber zur großen Überraschung befinden sich in diesem TOI-Kasten drei übersichtliche Fächer:

❖ **Interaktionstechniken:** Das sind Techniken, die die Zuschauenden und der TOI-Moderator anwenden können, um den Spielverlauf anzuhalten und mitzugestalten.

❖ **Introspektionstechniken:** Das sind Techniken, mit denen die Zuschauer mehr über »das Innenleben« der dargestellten Charaktere erfahren können. (Aber auch die Spieler erfahren hier Neues über das »Innenleben« ihrer Rollen, denn sie improvisieren ja aus dem Moment heraus …)

❖ **Dramaturgietechniken:** Mit diesen Techniken hält das TOI-Ensemble die Theatralität, die Handlungsdynamik und die Spannung aufrecht, um das Publikum kontinuierlich zu involvieren. Es bringt das auf die Bühne, was für das Publikum und sein Thema relevant ist. Wie eine Mitarbeiterin eine Treppe hinuntergeht, kann furchtbar langweilig sein (dann würde dies mit einem Zeitsprung übersprungen). Diese Handlung kann für die Zuschauer jedoch dann interessant sein, wenn dadurch beispielsweise der Charakter der Mitarbeiterin oder ihre momentane Verfassung sichtbar wird. TOI-Moderatoren müssen diese Techniken spontan, kompetent und mit viel Fingerspitzengefühl einsetzen.

»Warten Sie mal, ich hole für Sie mal die wichtigsten Instrumente aus dem Werkzeugkasten! Sie sehen eigentlich gar nicht so kompliziert aus – aber die große Kunst ist es wohl, sie im richtigen Augenblick und in der passenden Kombination einzusetzen … ach ja! Mir fallen übrigens immer wieder neue Techniken ein. Ich glaube, die TOI ist eben eine sehr offene Form, die das zulässt. In der Praxis entscheiden Kompetenz und Erfahrung der Spieler und Moderatoren wie flexibel und experimentierfreudig sie mit der TOI umgehen.«

Interaktionstechniken

»STOPP!«

Dies ist eine grundlegende Technik. Ohne sie findet keine klare Interaktion im Sinne der TOI statt. Ruft ein Zuschauer oder die Moderatorin »STOPP!«, erstarren die Spieler augenblicklich in ihrer Haltung – die Szene wird »eingefroren« und damit unterbrochen, um zum Beispiel Publikumsinterventionen zu ermöglichen.

Stopp! Die Spieler »frieren« in ihren Körperhaltungen ein

Sätze, Gedanken, Situation und Rollen vorgeben

Wie können die Zuschauer am besten ihren beruflichen oder privaten Alltag auf die Bühne bringen? Indem sie den Spielern Sätze oder Gedanken vorgeben. Sie können auch die Intonation bestimmen, mit der die Sätze auf der Bühne ausgesprochen werden sollen, und somit bestimmen, in welchen Stimmungen und Gefühlslagen sich eine Rollenfigur gerade befindet.

Haltungen vorgeben

Es kann auch »körperlich« werden. Die Zuschauenden formen die Spieler wie Statuen, die zum Beispiel bestimmte Stimmungen, Charaktereigenschaften oder zwischenmenschliche Beziehungen ausdrücken. Eine sehr plastische Vorgabe für Szenen.

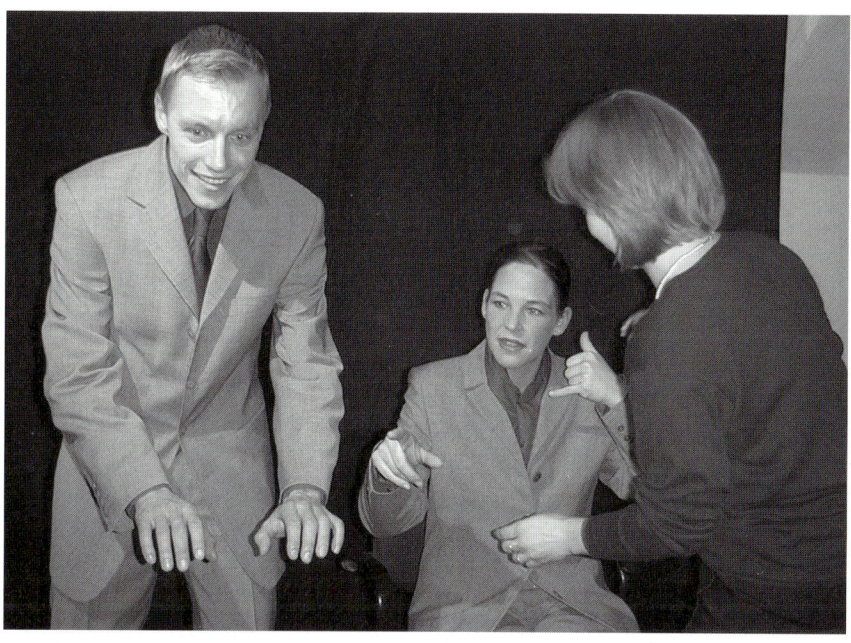

Wie stellen Sie sich zwei typische Hotline-Mitarbeiter vor?

Doppeln

Viele scheuen sich, vor Gruppen auf eine Bühne zu steigen und mitzuspielen. Eine abgemilderte Form des aktiven Mitwirkens auf der Bühne ist die Technik des *Doppelns*, die es mit einem anderen Fokus auch im Psychodrama gibt.

Zeintlinger-Hochreiter 1996

Eine Zuschauerin tritt hinter eine TOI-Spielerin, und gibt ihr einen Satz, einen Gedanken oder auch einen Handlungsimpuls vor. Die Zuschauerin begleitet so die Spielerin im weiteren Verlauf der Szene. Somit werden die in die Rolle hineinprojizierten Gedanken der Zuschauerin ausgesprochen und beeinflussen das Szenengeschehen – jedoch muss sie diese nicht selbst ausagieren. Dies übernimmt hier weiterhin die Spielerin, was einen emotionalen

Schutz der Zuschauerin bewirkt. Doppeln ist gleichzeitig eine Introspektionstechnik, denn hier wird dem Publikum auch das (bzw. ein mögliches) Innenleben der Bühnenfigur mitgeteilt.

Mitspielen

»Mitspielen« ist keine Grundtechnik der TOI, aber eine Option. Hier können die Zuschauer, die *spectators*, zu *spect-actors*, also zu Zuschau-Spielern werden. Entweder ersetzt ein Zuschauer einen Schauspieler oder er spielt in einer weiteren Rolle auf der Bühne mit. Diese Option wird den Teilnehmern meist erst im Theaterlabor angeboten – also dann, wenn es darum geht, konkrete Lösungen szenisch umzusetzen.

Zu diesem Zeitpunkt ist bei vielen Teilnehmern die Identifikation mit dem Bühnengeschehen bereits so groß, dass der Wunsch, eine Lösung herbeizuführen, die Scheu vor die Gruppe zu treten überwiegt.

»Ich habe noch eine viel bessere Idee, Chef!« – Ein Teilnehmer nutzt die Gelegenheit und geht auf die Bühne.

Und was kommt jetzt?

Diese Technik ist vorzüglich zur Feinsteuerung der Spieler durch die Teilnehmenden geeignet. Besonders in Szenen, in denen es um einzelne Details der Kommunikation (zum Beispiel Rhetorik oder Körpersprache) geht, ist es sinnvoll, den Spielablauf auf »Zeitlupe« zu schalten und jeden Handlungsschritt einzeln zu betrachten: Zwei Spieler stehen auf der Bühne. Der erste fragt das Publikum: »Und was kommt jetzt?« Das Publikum muss ihm daraufhin einen Satz und eine Tätigkeit vorgeben. Der Spieler führt diese exakt aus und »friert dann wieder ein«. Jetzt fragt der zweite, führt die Vorgabe aus und friert ebenfalls wieder ein. Die Konsequenzen der Vorgaben aus dem Publikum werden sofort sicht- und spürbar.

Wenn es im Publikum beispielsweise unterschiedliche Interessengruppen gibt, kann es sehr aufschlussreich sein, wenn jeweils eine Gruppe die Steuerung eines Spielers übernimmt, zum Beispiel steuern alle Frauen die weibliche Protagonistin, die Männer den männlichen Protagonisten.

Rollenfeedback

Stellen Sie sich vor, Sie sind gerade in einer schwierigen Situation. Sie rufen einfach »STOPP!« – und fragen jemanden um Rat, der gerade zuschaut. Die Charaktere einer TOI können dies. Sie geben dem Publikum kurz Feedback, wie es ihnen in einer konkreten Situation geht und bitten um Tipps, wie sie handeln sollten.

Auch diese Technik hat neben ihrem Interaktionsaspekt auch Introspektionsanteile, denn der Spieler artikuliert dabei immer auch, was *in ihm* vorgeht.

Zettelspiel

Eine zum Thema oder zur Veranstaltung passend formulierte Frage wird auf Zetteln unter den Zuschauern ausgeteilt. Mit der schriftlichen – und anonymen! – Antwort darauf werden die Zettel eingesammelt und verdeckt auf der Bühne verstreut. Die Spieler kennen den Inhalt also nicht. Sie spielen nun eine Szene, in der sie wiederholt Zettel vom Bühnenboden aufheben und die darauf befindlichen Aussagen in den Szenenfluss einbauen. Das Zettelspiel kann – je nach Formulierung der Frage – ein anonymisiertes, spielerisches Feedback der Teilnehmer an die Veranstalter oder an das TOI-Ensemble darstellen.

s. S. 95
*Lorbeeren zum
Abschluss*

Introspektionstechniken

Rolleninterview: Der heiße Stuhl

Die Technik, um mehr über die Biografie und die emotionale Befindlichkeit einer Rollenfigur zu erfahren. Dazu setzt sich ein Spieler auf einen Stuhl. Moderatorin und Publikum können ihm nun allgemeine Frage stellen, beispielsweise zu Alter, Beruf, Familienstand. Interessant sind aber vor allem Fragen zu seinen Ängsten, Wünschen und Gedanken, die er gerade – zum Beispiel in einer bestimmten Konfliktsituation – hat. Während die Zuschauenden ihre Gefühle oft nicht offen artikulieren (können oder wollen), kann und soll dies der Spieler auf der Bühne tun. Durch seine Offenheit auf dem heißen Stuhl wird er – je nach Rolle – zur Identifikationsfigur oder er kann beim Publikum Verständnis für Verhaltensweisen *anderer* Rollen wecken. Das Wissen zur Beantwortung der Fragen schöpft der Spieler zum einen aus den Informationen, die er während der Probe erhalten hat, zum anderen aus seinen Rückschlüssen bezüglich der bereits erfolgten Interventionen der Zuschauer, schließlich aus den direkt gestellten Fragen auf dem heißen Stuhl und den Reaktionen des Publikums auf seine Antworten – hier wird der Befragungsstuhl das, was er im eigentlichen Sinne ist: heiß!

»Ja, da können Sie Gift drauf nehmen, dass ich dem Außendienst meine Meinung sagen werde!« – Konkrete Antworten auf konkrete Fragen der Teilnehmer.

Wahre Gedanken

»Jetzt würde mich ja schon interessieren, was mein Gegenüber *wirklich* denkt!« Geht es Ihnen manchmal auch so? Sie reden miteinander, haben aber das Gefühl, dass die ausgesprochenen Worte nicht mit den Gedanken übereinstimmen? Auf der TOI-Bühne kann diese Diskrepanz zwischen Innenleben und äußerer Erscheinung offengelegt werden. Dazu sagt ein Spieler zunächst seinen Satz zum Spielpartner, danach wendet er sich an die Zuschauer und teilt ihnen seine »wahren Gedanken« mit.

Innere Mitteilung (Zur Seite sprechen)

Der heiße Stuhl ist ein eher umfangreiches Instrument. Entstehen bei den Rollenfiguren während der Szene Gefühle oder Gedanken, die die Spieler dem Publikum nur *kurz mitteilen* möchten, haben sie auch die Option, kurz an den Bühnenrand zu treten, diese auszudrücken und sofort wieder in die Szene zurückzugehen.

Traum

Den Alltag verarbeiten wir oft in unseren Träumen. Im Traum der TOI zeigt sich auf einer anderen Erlebnisebene, was im Protagonisten der Geschichte vorgeht: Sehnsüchte, Ängste, Wünsche und/oder emotionale Verstrickungen werden sichtbar. Der Traum kann auch als Dramaturgietechnik fungieren, indem er das Geschehene verdichtet und zusammenfasst.

Dramaturgietechniken

Veränderung von Zeit und Raum

*Boal 1999,
S. 30f.*

TOI stellt keine lineare (Bühnen-)Handlung dar, sondern orientiert sich am inhaltlich-thematischen Interesse der Teilnehmer. Hierzu sind oft Brüche, also Szenenwechsel notwendig, um genau den Fokus wählen zu können, der die besten Erkenntnismöglichkeiten zu versprechen scheint. Oft sind solche Szenenwechsel mit Zeitsprüngen, also zum Beispiel auch der Überbrückung weniger wichtig erscheinender Handlungen, oder mit Orts- bzw. Schauplatzwechseln verbunden. Doch die Flexibilität in der TOI-Darstellung geht über reine »Sprünge« hinaus. Der brasilianische Theaterpädagoge Augusto Boal beschreibt diese Formbarkeit so: »Zeit und Raum können sich nach Wunsch auflösen oder dehnen. Mit der gleichen Verwandlungskraft wird auch mit Menschen und Objekten verfahren, die sich vermehren können oder verschwinden, teilen oder vervielfachen …« Diese extreme *Plastizität* des Theaters macht es für eine differenzierte Betrachtung der Wirklichkeit so attraktiv.

Wie kommt es beispielsweise dazu, dass eine Mitarbeiterin gestresst in die Arbeit kommt? In der Realität kann man nur Vermutungen anstellen und darüber reden – bei der TOI gibt es einfach einen Zeitsprung und die Zuschauer befinden sich live im Ehestreit, der zu ihrem Stress beitrug.

*s. S. 52
Blick hinter
die Kulissen:
Privatleben*

STOPP! Warum sollte die Darstellung von privaten Szenen für die Bearbeitung von organisationalen Konflikten hilfreich sein?

Replay

TOI ist ein Austauschforum für unterschiedliche Perspektiven. Deshalb ist es oft sinnvoll, nicht nur *eine* Perspektive auszuwählen, die auf der Bühne umgesetzt wird, sondern mehrere. Mit Hilfe von Wiederholungen (replays) einer Situation kann man dieselbe Szene aus mehreren unterschiedlichen Blickwinkeln betrachten. Wie sieht zum Beispiel ein Mitarbeitergespräch aus Sicht der Vorgesetzten und aus Sicht der Mitarbeiter aus? Oder: Wie verändert sich ein Meeting, wenn nur die Hälfte der Zeit zur Verfügung steht? Oder: Welche Rolle spielt das Geschlecht des/der Vorgesetzten in einer Teamsitzung?

(Körpersprachliche) Reaktionen auf das Verhalten einer weiblichen Vorgesetzten.

(Körpersprachliche) Reaktionen auf das Verhalten eines männlichen Vorgesetzten.

Rückblende: Der TOI-Werkzeugkasten im Überblick

Interaktionstechniken:
- ❖ »STOPP!«: Szene anhalten und einfrieren
- ❖ Sätze, Gedanken, Situation und Rollen vorgeben
- ❖ Haltungen vorgeben: Situationen nachstellen
- ❖ Mitspielen: – Zuschauer auf der Bühne
- ❖ Doppeln: – Zuschauer als Coach des Spielers
- ❖ Und was kommt jetzt? Die Szene in Zeitlupe
- ❖ Rollenfeedback: Publikum als Ratgeber der Spieler
- ❖ Zettelspiel: Anonymes Feedback zur TOI und Veranstaltung

Introspektionstechniken:
- ❖ Rolleninterview/Der heiße Stuhl: Biografie emotionale Befindlichkeit einer Rollenfigur
- ❖ Wahre Gedanken: Was die Rollenfiguren wirklich denken
- ❖ Innere Mitteilung (Zur Seite sprechen): Kurze Blitzlichter ins Innenleben der Rollenfigur
- ❖ Traum: Ängste, Wünsche und Sehnsüchte der Protagonisten

Dramaturgietechniken:
- ❖ Veränderung von Zeit und Raum: Szenenwechsel und veränderte Wahrnehmungsperspektiven
- ❖ Replay: Die gleiche Szene mit anderen Rahmenbedingungen

Zur Prüfung – und kein frisches Hemd mehr

TOI in einer Großgruppe zur Reflexion von Verhaltensmustern

»Hallo, willkommen zum ersten Beispiel aus der TOI-Praxis. Als Experte für Organisations- und Personalentwicklung kennen Sie die Komplexität von Veränderungsprozessen. Dass es oft gar nicht so einfach ist, diese Veränderungen in der auf Schnelligkeit und Effizienz getrimmten Business-Welt gründlich und nachhaltig zu bewältigen, ist Ihnen auch nichts Neues.

Jetzt stellen Sie sich einmal vor, ein Auftraggeber sagt zu Ihnen: »Bringen Sie meinen 120 neuen Mitarbeitern doch bitte mehr Kundenorientierung bei. Sie haben dafür zwei Stunden Zeit.« Da kippen Sie doch fast aus den Schuhen! Dennoch nehmen Sie – zweifelnd – den Auftrag an und denken über eine geeignete Methode nach: ein Vortrag vielleicht oder eine Podiumsdiskussion? Oder vielleicht doch zwölf parallele Trainings zum Thema Kundenorientierung? Da lacht der Geldbeutel …

Im nachfolgenden Praxisbeispiel können Sie miterleben, wie ein Unternehmensberater diese Aufgabe mit Hilfe einer TOI gelöst hat. Er hat die Teilnehmenden hinsichtlich des Themas »Verhalten beim Kunden« sensibilisiert und aktiviert.«

Shortcut

Titel/Thema der TOI:	»Mein Auftritt beim Mandanten«.
Rahmen:	Einwöchige Fortbildungsveranstaltung für neue Mitarbeiterinnen und Mitarbeiter einer Wirtschaftsprüfungsgesellschaft.
Ziel:	Visualisierung der Prüfungs- und Beratungssituation, Reflexion und Verständnis eigener Verhaltensmuster, Generieren von Handlungsalternativen, Kommunikation anregen.
Dauer:	Zwei Stunden und fünfzehn Minuten.
Teilnehmerzahl:	150 Personen.
Schwerpunkt:	Verhalten – Soziale Kompetenz.
Realitätsbezug:	Direkt: Szenen aus dem Alltag der angehenden Wirtschaftsprüferinnen und -prüfer.

Die TOI-Spieler sind gerade mit einer Theaterprobe fertig, als das Handy eines Spielers klingelt. Anrufer ist ein Unternehmensberater, der die TOI vor einiger Zeit auf einer Veranstaltung kennen gelernt hat. Er berichtet von seinem Auftrag und fragt, ob nicht ein TOI-Spieler bei Gelegenheit vorbeikommen möchte, um die regelmäßig stattfindende Fortbildungsveranstaltung auf einen möglichen TOI-Einsatz hin zu betrachten.

Briefing

s. auch S. 27
Briefing

Für das *Briefing* besucht ein TOI-Spieler die mehrmals im Jahr stattfindende einwöchige Einführungsveranstaltung für die Neueinsteiger einer Wirtschaftsprüfungsgesellschaft. Dort werden diese mit der Kultur, den Produkten und Dienstleistungen des Unternehmens vertraut gemacht. Der TOI-Spieler sammelt dort die notwendigen Informationen und Eindrücke, die für das TOI-Ensemble zur Vorbereitung und Durchführung des Auftrags notwendig sind.

Im Briefing-Gespräch erläutert der Auftraggeber, dass neben den zahlreichen theoretischen Inputs und dem dreitägigen strategischen Unternehmensplanspiel ein weiteres wichtiges Thema der Veranstaltung ist, den angehenden Wirtschaftsprüfern eine Möglichkeit zu bieten, ihr eigenes Verhalten bei deren zukünftigen Prüfungseinsätzen zu reflektieren.

Außerdem äußert der Auftraggeber, der auch der Organisator und Leiter der Veranstaltung ist, sein Interesse daran, TOI regelmäßig auf seiner Veranstaltung einzusetzen und sich selbst zum TOI-Moderator ausbilden zu lassen.

siehe:
www.Themenorientierte
Improvisation.de

STOPP! Kann ich mich auch zum TOI-Moderator ausbilden lassen? Und was beinhaltet so eine Ausbildung?

Konzeption

Wieder in seinem Büro, überlegt sich der TOI-Spieler das Konzept für den Einsatz der TOI, der bei dieser Veranstaltung folgende Funktionen zukommen sollen:

❖ Aspekte visualisieren und bearbeiten, die das Verhalten gegenüber Kunden/Mandanten vor Ort betreffen, beispielsweise Einstellungen, Auftreten, Gesprächsführung. Dabei sollen neben der aktiven Auseinandersetzung der Mitarbeiter mit dem Thema auch die Erfahrungen der ebenfalls anwesenden langjährigen Mitarbeiter des Unternehmens einbezogen werden.

❖ Den angehenden Wirtschaftsprüfern soll aufgezeigt werden, was die Kooperation mit den Mitarbeitern ihrer Mandanten vor Ort positiv oder negativ beeinflussen kann.

Er entscheidet sich in diesem Falle für die Implementierung eines TOI-Ablaufs mit Visualisierungsphase, Reflexion und dem Verfassen von Lösungsdrehbüchern, der in einem Rahmen von zirka 2–2 ½ Stunden durchführbar ist.

STOPP! Gibt es eine übersichtliche Zusammenfassung dieser verschiedenen Phasen?

s. S. 27
Phasen der TOI

Da zur Reflexion der im Rahmen dieser TOI erarbeiteten Lösungsdrehbücher auch die »alten Hasen« beitragen sollen, wird in das Konzept noch eine fünf- bis zehnminütige »Experten-Talkrunde« mit den langjährigen Mitarbeitern eingebaut, in der diese die vorgeschlagenen Lösungen kommentieren und aus ihrer eigenen Berufspraxis berichten. So werden die durch die TOI-Arbeit aufgebrachten Inhalte und Problemstellungen aus einer weiteren Perspektive mit dem Alltag der Wirtschaftsprüfer verknüpft.

In Absprache mit dem Auftraggeber entscheidet er sich für einen aktivierenden und unterhaltsamen Abschluss, bei dem das TOI-Ensemble die zuvor interaktiv entstandene Geschichte in ungefähr fünf Minuten noch einmal durchspielen würde: In Szenensplittern kurz und prägnant zugespitzt – wie durch eine rosarote Brille positiv übertrieben und überzeichnet.

TOI-Vorbereitung: Probe

In der Probe informiert der Projektleiter seine beiden Mitspieler über alle für sie wichtigen Details des Auftrags.

s. S. 44 ff.
Briefing,
Konzeption-Probe

STOPP! Wie werden solche Details ermittelt und wie findet eine solche Probe statt?

Bei diesem konkreten Fallbeispiel fand vor dem ersten TOI-Einsatz noch die bereits erwähnte Ausbildung des Auftraggebers zum TOI-Moderator statt, die hier jedoch nicht näher beschrieben wird.

Einstieg: Orientierung, Sicherheit und Methodenbegründung

Die nachfolgende Beschreibung der Originaldialoge beruht auf einem Video-mitschnitt, der vom Auftraggeber genehmigt wurde. Die Namen wurden geändert.

Nachdem die Teilnehmenden sich nach ihrer vormittäglichen Kaffeepause wieder im Saal eingefunden haben, werden sie vom TOI-Moderator begrüßt. Bisher kennen Sie die Thematik der folgenden 2¼ Stunden nur aus ihrem Stundenplan: »Mein Auftritt beim Mandanten«.

Der Moderator stellt dem Publikum die TOI-Spieler vor und erläutert, dass das Thema auf eine »vielleicht etwas ungewöhnliche Weise« angegangen werden soll: Es soll auf einer Bühne mit Unterstützung der anwesenden Schauspieler visualisiert werden und die Teilnehmenden seien gefordert, sich aktiv daran zu beteiligen. Er lädt die Zuschauer ein, während der nun folgenden Szenen, die alle improvisiert sind und *im Hier-und-Jetzt* entstehen, den unternehmensfremden Spielern bei Bedarf die nötigen Informationen zur Verfügung zu stellen.

Nachdem die Bereitschaft der Teilnehmer geweckt wurde, sich auf dieses »Live-Experiment« einzulassen, der zeitliche Rahmen und die Arbeitsphasen erläutert wurden, fordert der Moderator zwei Spieler auf, sich »frei über die Bühne« zu bewegen, um zu demonstrieren, wie Zuschauerbeteiligung während einer TOI funktioniert.

Visualisierung des Themas

Spontan, ohne ihre Aktionen vorauszuplanen, bewegen sich zwei Spieler frei auf der Bühne, nehmen Haltungen ein, bewegen sich fließend oder abgehackt, geraten zufällig in Beziehung zueinander, lösen diese wieder auf. Der Reigen der subjektiven Wahrnehmungen und Assoziationen ist eröffnet.

Der Moderator lädt die Teilnehmenden nun ein, die Basis-Interventionstechnik der TOI spielerisch zu üben: Sie sollen »Stopp!« rufen, um den »szenischen Verlauf« auf der Bühne zu unterbrechen. Ein Teilnehmer macht dies und die beiden Spieler auf der Bühne frieren schlagartig in ihren zufällig entstandenen Körperhaltungen ein. Da das »Stopp!« noch etwas zögerlich war, ermuntert der Moderator die Teilnehmer, noch lauter »Stopp!« zu rufen und fordert die Schauspieler abermals auf, sich frei über die Bühne zu bewegen – bis eine Teilnehmerin erneut laut »Stopp!« ruft.

STOPP! Warum muss das Publikum »aufgewärmt«
und das Stopprufen geübt werden?

s. S. 48
Blick hinter die
Kulissen: Interaktion
und Mitbestimmung

Nun fordert der Moderator das Publikum auf, die zu einem Standbild erstarrten Spieler zu betrachten und Ideen zu äußern, was dieses Standbild alles darstellen könnte.

Teilnehmerin:	*»Der eine steht vor seinem chaotischen Schreibtisch und sucht seinen Kugelschreiber.«*
Moderator:	*»Und der andere?«*
Teilnehmer:	*»Der geht einen Kaffee holen!«* (Lachen im Publikum)
Moderator:	*»Was könnte es noch sein? Andere Vorschläge! Eure Sichtweise kann nicht falsch sein.«*
Teilnehmer:	*»Der Ahnungslose.«*
Teilnehmer:	*»Die beiden Ampel-Männchen.«*

(Lachen im Publikum – diese Assoziation kam vermutlich aufgrund der roten und grünen Oberteile der beiden Spieler in Verbindung mit deren Körperhaltungen zustande.)

Nachdem diese verschiedenartigen Interpretationen ein und desselben Standbildes geäußert wurden, erläutert der Moderator kurz den konstruktivistischen Ansatz der TOI: Die Art, wie wir die Welt begreifen, entsteht durch unsere subjektiven Wirklichkeitskonstrukionen, die auf unseren subjektiven Wahrnehmungen basieren. Diese unterschiedlichen Sichtweisen werden in der TOI zugelassen und integriert.

s. S. 144
Von Beobachtern
und Wirklichkeits-
konstrukteuren

STOPP! Ich möchte mehr über den konstruktivistischen Ansatz der TOI wissen.

Wieder bringt der Moderator die Spieler in Bewegung und lässt sie erneut vom Publikum durch »Stopp!« einfrieren. Jetzt bringt er das Veranstaltungsthema ein. Das zufällig entstandene Standbild soll nun in Hinblick auf »Mein Auftritt beim Mandanten« interpretiert werden.

Das Standbild, das zwei Personen zeigt, die gegenseitig mit dem Finger auf sich deuten, wird von einer Teilnehmerin so interpretiert: »Wer muss die Überstunden machen und noch dableiben?«

Blick hinter die Kulissen: Interaktion und Mitbestimmung

Die Teilnehmer erfahren durch spielerisches Üben, wie sie Szenen unterbrechen können und wie ihre Vorgaben direkt das szenische Spiel beeinflussen. Durch die Vorgabe des Moderators, das letzte Standbild in Hinblick auf das Thema zu interpretieren, findet ein fließender Übergang von einem einführenden Warm-up des Publikums zur eigentlichen themenorientierten Arbeit statt.

Warum nicht direkt mit dem Thema begonnen wird, hat folgenden Grund: Die meisten von uns haben bei vielen Gelegenheiten gelernt (Schule, Kirche, Beruf …): Wenn einer vor ein Auditorium tritt, dann ist Schweigen und Stillsitzen angesagt. Daher ist es für viele ungewöhnlich, einfach »Stopp!« zu rufen, wenn vorne auf der Bühne »Theater« stattfindet. Das Publikum muss diese Einflussmöglichkeit erst für sich entdecken. Es muss dazu ermuntert werden, zu unterbrechen und Situationen neu zu definieren. Die Botschaft lautet: Eure Gedanken, Gefühle, Ideen sind willkommen und werden nicht zensiert.

Der Moderator passt sich in dieser ersten Phase an das Tempo und die Bereitschaft des Publikums an, sich zu beteiligen. Eine wichtige Fähigkeit des Moderators ist es daher, *eine Sensibilität für den aktuellen Prozess* zu entwickeln.

Auf die Nachfrage, wer die beiden Personen sind, Mitarbeiter, Vorgesetzter etc. erwidert sie, dass es wohl eher zwei Kollegen sind, da sie gegenseitig aufeinander zeigen und ein Unterschied in der Unternehmenshierarchie nicht spontan erkennbar sei.

Das Publikum wird vom Moderator aufgefordert, »dem Roten« (gemeint ist der Spieler mit dem roten Oberteil – im Folgenden »Rot« genannt) einen Satz zu geben. Der Vorschlag eines Teilnehmers lautet: »*Ich bin gestern länger geblieben.*« Dieser Satz wird von diesem Spieler nun laut ausgesprochen und erhält durch dessen Interpretation Gestalt. Auf die Frage, was der »grüne« Kollege (im Folgenden »Grün« genannt) darauf erwidern solle, kommt der Vorschlag: »*Ich auch.*«

Mit diesen Vorgaben beginnen die beiden TOI-Spieler nun die erste Szene zwischen den beiden Kollegen zu improvisieren und die Gruppe findet sich unvermittelt in der ersten TOI-Szene zum Thema »Mein Auftritt beim Mandanten« wieder.

Grün:	»*Du weißt doch, dass ich zu Hause gerade Ärger habe. Ich kann nicht jeden Abend so spät nach Hause kommen.*«
Rot:	»*Und ich habe nicht einmal mehr frische Hemden, weil ich nicht zum Bügeln komme. Jetzt muss ich das Hemd schon zum zweiten Mal anziehen, weil ich nie vor halb zehn nach Hause komme und dann gleich ins Bett falle.*«
Grün:	»*Dann kaufe dir halt mehr Hemden!*« (Lachen im Publikum)
Rot:	»*Das kann doch nicht die Lösung sein, dass wir jeden Tag hier um halb neun kommen und erst um halb zehn nach Hause gehen.*«
Grün:	»*Das ist eben die Phase – da müssen wir durch.*«
Rot:	»*Die Phase – die Phase! Jedes Unternehmen hat ein anderes Geschäftsjahr – danach geht es wieder weiter mit der nächsten Firma. So sitzen wir ja noch Weihnachten hier!*«
Grün:	»*Jetzt komm! Ich lad dich mal zum Essen ein, o.k.? Nur heute, da geht es bei mir wirklich nicht. Heute muss ich gehen.*«
Rot:	(stöhnt) »*Was kann ich dafür, wenn du Stress mit deiner Freundin hast? Ich möchte auch mal nach Hause! Ich habe nicht mal mehr eine Freundin!*«

(Gelächter und Szenenapplaus)

Diese Situation nutzt der Moderator für eine Intervention: »*Stopp! Von wem würdet Ihr gerne mehr erfahren?*« fragt er die Teilnehmenden. Eine Frau aus dem Publikum: »*Von dem, der keine mehr hat!*« (Lachen)

Blick hinter die Kulissen: Tabuthemen

Teilnehmerinnen und Teilnehmer werden durch die TOI in einen halb-anonymen Raum versetzt. Der Einzelne trägt *nur einen Satz oder eine Handlung* bei. Damit entfernt er sich zwar einen Augenblick aus der Anonymität der Großgruppe, bleibt aber im Sinne der Verantwortung für die Gesamtszene auf der Bühne weiterhin anonym. Einzelne Sätze werden von anderen Teilnehmern ergänzt und können in der Gesamtheit tabuisierte oder durch den Einzelnen nur schwer ansprechbare Themen auf die Bühne befördern.

Für die Teilnehmerinnen bietet diese Halbanonymität die Chance, schnell zu bearbeitbaren Tabuthemen, die sie betreffen, vorzustoßen. Das *verlegene* oder gar *erschrockene* Lachen der Zuschauer bekommt in diesem Kontext eine wichtige Doppelfunktion: Es signalisiert Spielern wie Teilnehmern, dass sie sich mit ihrem Spiel auf einer inhaltlich und emotional bedeutsamen Fährte befinden.

Der Moderator lädt den roten Spieler (Rot) ein, auf dem *heißen Stuhl* Platz zu nehmen.

Moderator:	*»Vielleicht kannst du dich kurz vorstellen!«*
Rot:	*»Hallo, ich bin Jürgen Süwitsch, bin 28 Jahre und ja, ich bin bei meinem ersten Kunden, bei dem ich hier prüfe. Ja, und es ist wirklich schrecklich, weil man gerade in der letzten Phase der Prüfungen kaum noch Privatleben hat. Und am Wochenende bin ich dann erstmal ziemlich ausgelaugt. Das ist doch kein Leben!«* (Verhaltenes Lachen im Publikum)
Moderator:	(zum Publikum) *»Was möchtet ihr noch von Jürgen wissen?«*

Keine spontane Reaktion – Stille.

Jürgen:	*»Ihr seid auch so ausgelaugt, was?«*

Blick hinter die Kulissen: Einfühlung und Provokation – ein TOI-Spieler auf dem heißen Stuhl

Hier drückt der Spieler aus, was er aufgrund seines Briefings (Probe) über die Zielgruppe weiß bzw. was er aufgrund des bisherigen TOI-Verlaufs in die Zuschauer hineinprojiziert. Dabei muss er nicht deren Erwartungen exakt entsprechen, sondern kann das Publikum auch zu Reaktionen provozieren, zum Beispiel durch gezielte Übertreibung bestimmter Charakterzüge.

STOPP! Ich möchte mehr über die Technik heißer Stuhl erfahren!

*s. S. 38
Rolleninterview:
Der heiße Stuhl*

Zuschauer: (vorne aus dem Saal) »*Wie lange bist Du schon dabei?*«

Jürgen: »*Vor vier Monaten bin ich dazugekommen und seit einem Monat jetzt eben bei meinem ersten Kunden vor Ort. Und da bin ich auch mit einer eigenen Aufgabe betraut und die muss ich auch komplett durcharbeiten.*«

Zuschauerin: »*Hast du deine Freundin aufgrund des Jobs verloren?*«

Jürgen: »*Naja, es hat sich eigentlich schon vorher angebahnt, aber ich hatte dann einfach keine Zeit mehr, um das zurechtzurücken, und irgendwann war dann nur noch ein Zettel zu Hause …*«
(Gelächter, Laute des Entsetzens)

Zuschauer: »*Was willst du denn gegen den Zustand tun?*«

Jürgen: »*Ich will einfach wieder mehr weggehen und nicht die Zeit am Samstag dafür nutzen, erstmal auszuschlafen, dann Hemden zu kaufen, damit ich genügend habe, und zu waschen und zu bügeln, einfach mal wieder mehr Freizeit haben. Und bezogen auf meinen Beruf: Wenn ich ein bisschen mehr abgeben könnte! Es ist einfach vieles so neu für mich. Und da braucht man manchmal verdammt lange. Mein Kollege ist ja auch noch nicht so lange dabei. Wir bräuchten irgendeine Lösung. Vielleicht kommt ja noch ein dritter Neuer dazu …*«

Moderator: »*Stopp! An der Stelle würde ich gerne auch mal die Freundin von Jürgen kennenlernen, um etwas über sein Privatleben zu erfahren. Die Freundin ist ja ausgezogen und wir können sie jetzt ebenfalls auf unserem heißen Stuhl befragen.*«

(Jürgen verabschiedet sich und geht ab; Applaus. Eine TOI-Spielerin kommt – in der Rolle von Jürgens Freundin – und setzt sich auf den heißen Stuhl.)

> ### Blick hinter die Kulissen: Erweiterung ins Privatleben
>
> Der Moderator leitet hier bewusst in das Privatleben des Protagonisten (Jürgen) über. Obwohl es in TOIs eigentlich um organisationsinterne Fragen geht, hat das Privatleben für die Teilnehmenden und damit für den Interaktionsprozess TOI eine hohe Bedeutung. Hier werden Emotionen angesprochen, die im beruflichen Alltag oft keinen Platz haben, die aber jeder kennt. Durch den Szenenwechsel werden Zusammenhänge erkennbar, die zuvor nicht offensichtlich waren. Die Komplexität von sozialen Lebenssituationen, systemischen Verknüpfungen zwischen Privat- und Arbeitsleben werden durch die Darstellung in einem ganzheitlicheren Bild der Situation wahrnehmbar.

Moderator:	»Hallo, guten Tag.«
Neue Spielerin:	»Guten Tag. Ich bin die Claudia.«
Moderator:	»Was ist passiert, Claudia?«
Claudia:	»Das ist aber sehr privat.«
Moderator:	»Wir sind ja unter uns …«
Zuschauerin:	(von vorne)»Wir sind sehr verschwiegen …«

(Lachen, da Anspielung auf den Berufsstand der Wirtschaftsprüfer)

Claudia:	»Ja, es war nicht einfach. Der Jürgen ist nicht mehr nach Hause gekommen. Also, ich konnte das nicht verstehen, dass der immer so lange gearbeitet hat. Ich weiß ja nicht, was er immer so lange gemacht hat. Also, ich bin Grundschullehrerin, wissen Sie. Und er hat mir schon Mal erklärt, was er da so macht, aber ich habe das nicht immer alles ganz verstanden. Ich habe abends dann mit dem Essen auf ihn gewartet und er kam nicht. Und das ist bestimmt zwanzig Mal passiert. Da kommt man sich ja auch blöd vor. Außerdem haben wir gesagt, wir machen ein bisschen Arbeitsteilung zu Hause. Das hat überhaupt nie funktioniert. Da sollte ich ihm dann die Hemden bügeln und den ganzen Haushalt machen. Ich bin auch den ganzen Tag beschäftigt! Ich kann dann abends auch nicht mehr.«
Moderator:	»Schauen wir uns doch mal an, was dann letztendlich den Ausschlag gegeben hat, dass Du ausgezogen bist. Wir sehen mal eine Szene zwischen Jürgen und Claudia, bevor Jürgen den Zettel fand.«

Während der folgenden Szene werden die Zuschauer immer mutiger. Der Konflikt wird auf der Bühne dramatisch zugespitzt, was letztendlich auch dazu führt, dass sogar Tabuthemen wie Sexualität angesprochen werden können. Damit ist die Bühne frei für die Bearbeitung von Tabuthemen. Der Moderator unterbricht genau in dem Augenblick, in dem diese Bereitschaft spürbar wird.

Claudia: (zu Jürgen) *»Seit sechs Wochen ist das jetzt so. Und im Bett läuft auch nichts mehr.«* (Gelächter im Publikum)

Jürgen seufzt erschöpft und vergräbt das Gesicht in den Händen. (Lachen)

Moderator: *»An dieser Stelle blenden wir mal aus. Danke. Jürgen ist in einer schwierigen Situation. Er hat mit seinem Kollegen darüber gesprochen und jetzt sehen wir, wie er die Situation mit seinem Vorgesetzten bespricht.«*

Szenenwechsel. Jürgen klopft an die Bürotür seines Chefs.

Chef: *»Ja.«*
Jürgen: *»Guten Tag, Herr Lübner.«*
Chef: *»Guten Tag, Herr Süwitsch.«*
Jürgen: *»Schön, dass Sie Zeit haben.«*
Chef: *»Ich schaue mir gerade den Bericht an ...«* (Das Telefon des Chefs läutet.) *»Kleinen Moment, bitte.«* (Er nimmt ab.)
Sekretärin: *»Herr Lübner, die Mandantin Frau Huber ist hier. Soll ich Sie hereinschicken?«*
Chef: *»Kleinen Moment.«* (zu Süwitsch gewandt:) *»Die Frau Huber ist da.«*
Jürgen: *»Oh.«*
Moderator: *»Stopp!«* (zum Publikum) *»Ihr habt jetzt die Möglichkeit, dieses Gespräch direkt zu steuern. Die Spieler werden Euch immer fragen ›Und was kommt jetzt?‹ und Ihr könnt ihnen den nächsten Satz oder die nächste Handlung vorgeben. Was sagt also Jürgen an dieser Stelle? Gebt ihm mal einen Satz!«*

Blick hinter die Kulissen: Und was kommt jetzt?

TOI kann in Situationen, die für die Zielerreichung der TOI relevant sind, die Zuschauer verstärkt Verantwortung für den Handlungsverlauf übernehmen lassen. Der Moderator prüft das Spiel auf der Bühne auf solche Situationen hin und entscheidet dann, in welchem Maß das Publikum die Verantwortung im jeweiligen Augenblick wahrnehmen soll. Bei der Technik »Und was kommt jetzt?« entscheiden die Zuschauenden, was konkret gesagt oder getan werden soll – die Spieler gestalten durch ihre Interpretation des *Was* aus ihren Rollen heraus ein *Wie*. Dieses Wie kann das Publikum wiederum zu einer Korrektur des gemachten Vorschlags anregen.

Zuschauerin: (von hinten) »*Es war auch nicht so wichtig …*«
Jürgen: »*Es war auch nicht so wichtig.*«

Der Spieler, der den Chef spielt, verlässt für einen Moment seine aktuelle Rolle als Chef, wendet sich dem Publikum zu und fragt: »*Und was kommt jetzt?*« Zuschauer vorne links: »*Würden Sie bitte das Büro verlassen.*« (Lachen)

Chef: »*Würden Sie bitte das Büro verlassen.*«

Auch der andere Spieler verlässt für einen Moment seine aktuelle Rolle als Jürgen, wendet sich dem Publikum zu und fragt: »*Und was kommt jetzt?*« Zuschauerin: »*Soll ich draußen warten?*«

Jürgen: »*Soll ich draußen warten?*« (Er steht auf.)

Spieler, der den Chef spielt: »*Und was kommt jetzt?*« Zuschauer: »*Ja, bitte.*«

Chef: »*Ja, bitte.*«

Spieler, der Jürgen spielt: »*Und was kommt jetzt?*« Zuschauerin: »*Auf Wiedersehen.*« (Lachen)

Jürgen: »*Auf Wiedersehen.*«
Moderator: »*Stopp! Das ist für Jürgen nicht so witzig. Wir hören mal, was in Jürgen in dieser Situation vor sich geht. Jürgen, wie geht es dir?*«
Jürgen: (wendet sich an das Publikum) »*Es ist wirklich verdammt schwierig, mal mit jemandem zu reden, der wirklich an meiner*

Situation etwas ändern könnte. In dieser Phase kurz vor Abgabe des Prüfungsgutachtens haben die immer alles Mögliche um die Ohren. Jetzt hatte ich endlich mal die Gelegenheit, diesen Gesprächstermin zu bekommen. Das ist gar nicht so leicht. Der hat ja mindestens noch zwanzig andere, die am gleichen Projekt mitarbeiten. Also, ich weiß nicht, habe ich das irgendwie falsch gemacht? Ich bin da rein – ich hab sogar einen Termin gehabt – und dann kommt wieder ein Telefongespräch und ein Besuch dazwischen. Das ist ja fast wie beim Mandanten! Da versuche ich auch die Belege zu bekommen und dann läutet das Telefon. Und dann kann ich drei Stunden später wiederkommen. Und alles zieht sich und zieht sich und man kommt einfach nicht weiter.«

Der Moderator leitet nun dazu über, zusammen mit dem Publikum Verhaltensalternativen für Jürgen im Gespräch mit seinem Chef zu finden. Verschiedene Vorschläge des Publikums werden in mehreren Anläufen, mit wiederholtem Zurückspulen der Szene, so genannten »Replays«, ausprobiert. Am Ende dieser Sequenz gelingt es Jürgen immerhin, einen Ersatztermin mit seinem Chef zu vereinbaren.

STOPP! Was genau ist ein »Replay«?

s. S. 40
Replay

Ein Spieler interveniert nach dieser Sequenz und gibt folgende Regieanweisung: »Im weiteren Verlauf dieser Geschichte verschiebt sich der Abgabetermin für den Prüfungsbericht sogar noch nach vorne. Mit dieser neuen Information sehen wir nun eine Szene, wie Jürgen am nächsten Morgen zur Arbeit kommt und seinen Kollegen trifft.«

Blick hinter die Kulissen: TOI als Teamwork

Eine wesentlicher Aspekt in der Arbeit mit TOI-Spielern besteht darin, dass diese während des Spiels stets die Themen der Veranstaltung im Hinterkopf haben. Da jeder Spieler *jederzeit* die Möglichkeit hat, das Spiel zu unterbrechen und beispielsweise Szenenwechsel zu etablieren, können sie den Moderator in seiner Funktion unterstützen.

Damit ist ein wesentliches Erfolgskriterium der TOI angesprochen. Nicht einer alleine trägt auf der Bühne die Verantwortung für Themenorientierung und Handlung, sondern diese wird gemeinsam übernommen.

Kollege:	»Jürgen, hast du das mitgekriegt?«
Jürgen:	»Ja. Wie stellt der sich das vor?«
Kollege:	»Im Einkauf war ich schon dreimal. Die Belege sind einfach nicht da!«
Jürgen:	»Die sind unfähig hier. Alle sind unfähig in dieser Firma. Dass die überhaupt noch existieren!«
Kollege:	»Das ist Wahnsinn. Und wir sollen es wieder ausbaden! Die Huber hat unseren Chef total über den Tisch gezogen!«
Jürgen:	»Und die will – weil sie eine gute Kundin ist – auch noch ein gutes Testat haben. Die kriegen aber überhaupt keins, wenn das so weitergeht. Man rennt jedem Beleg hinterher! Eine Buchführung haben die hier!«

Der Spieler, der die Figur des Jürgen spielt, stoppt die Szene und wendet sich an das Publikum: »Stopp! Was sollen wir machen?«

Zuschauer:	»Arbeiten.« (Lachen im Publikum)

Er geht zurück in die Szene.

Kollege:	»Es hilft alles nichts: Wir müssen ran …« (Sie setzen sich über ihre Ordner.)
Moderator:	»Stopp! Wie geht es hier nun weiter?«
Zuschauer:	»Eine Variante wäre noch, den Prüfungsleiter oder die Prüfungsleiterin zu informieren, dass es Probleme gibt.«
Moderator:	»O.k. Die Prüfungsleiterin wurde informiert und ist nun beim Mandanten vor Ort. Weiter.«

Die Prüfungsleiterin tritt bei den Mitarbeitern des Mandaten auf und hat offensichtlich Probleme, mit diesen ein vernünftiges Gespräch zu führen. Die jungen Zuschauer projizieren ihre Ängste und Schwierigkeiten im Umgang mit Mandanten in die Situation der Vorgesetzten. Die Prüfungsleiterin, Frau Strasser, kommt in ein Büro, in dem zwei Mitarbeiter der Mandantin Frau Huber eifrig telefonieren, der eine offensichtlich mit seiner Freundin. (Lachen im Publikum) Frau Strasser versucht eine Weile vergeblich, an einen Mitarbeiter heranzukommen, bis dieser sein Telefonat unterbricht: »*Du Jessica, warte mal kurz, wir haben wieder diese Prüfer hier.*« (Er legt den Hörer zur Seite, sein Kollege telefoniert weiter.)

Strasser:	»*Herr Schmidt, wir brauchen dringend die Belege. Um zwölf Uhr sollten wir mit der Prüfung fertig sein.*«
Schmidt:	»*Die hat jetzt mein Kollege. Ich habe das Gebiet gewechselt.*«
Strasser:	»*Aber mir wurde gesagt, dass Sie, Herr Schmidt, und Sie, Herr Schneider, dafür zuständig sind.*«
Schmidt:	»*Frau Strasser, wir befinden uns im permanenten Wandel – mein Kollege ist dafür zuständig. Entschuldigen Sie mich bitte, ich habe ein wichtiges Gespräch – Jessica, bist du noch dran?*«

Verzweifelt unterbricht die Prüfungsleiterin die Szene und wendet sich an das Publikum: »*Und jetzt?*« Auch mit den folgenden Vorschlägen eskaliert das Gespräch immer mehr. Es wird immer deutlicher sichtbar, dass die jungen Mitarbeiter in dieser Veranstaltung nicht über das notwendige Verhaltensrepertoire verfügen, um eine situationsadäquate Lösung herbeizuführen.

Der Vorschlag eines »alten Hasen« führt dann letztendlich zur Wende.

Zuschauer:	»*Eigentlich könnte schon der Prüfungsassistent, wenn er das erste Mal beim Kunden auftaucht, ein ordentliches Klima aufbauen. Wenn das nicht klappt, muss vielleicht der Prüfungsleiter mitkommen und mit den Mitarbeitern darüber sprechen.*«
Moderator:	»*Dann gehen wir nochmals in eine Szene, wo der Prüfungsassistent alleine auftaucht und versucht, ein konstruktives Klima herzustellen.*«
Zuschauer:	»*Ja, vielleicht die ersten zwei Minuten mal was Privates reden.*«

Jürgen Süwitsch kommt zur Mandantin Frau Huber in's Büro.

Jürgen:	»*Guten Tag, Frau Huber.*«
Huber:	»*Guten Tag, Herr Süwitsch. Setzen Sie sich doch.*«
Jürgen:	»*Nett haben Sie es hier.*«
Huber:	»*Ja … Und, Herr Süwitsch, werden wir bis 12 Uhr fertig?*«
Jürgen:	»*Ja wissen Sie, es gibt einfach noch ein paar Konflikte … Wir brauchen weitere Unterlagen und Ihre Mitarbeiter sind nicht ganz so kooperativ wie …*«
Huber:	»*Oh, von wem sprechen Sie denn da?*«
Jürgen:	»*Nun, es geht um die Abteilung Einkauf und ich hatte mich dort an zwei Herren gewandt. Die hatten vermutlich gerade etwas anderes zu tun – aber es wäre sehr hilfreich, wenn sie ihren Arbeitsablauf kurz unterbrechen könnten für unsere Suche.*«
Huber:	»*Nun, ich hatte doch alles in die Wege geleitet, damit sie Ihnen auch zuarbeiten.*«
Zuschauer:	»*STOPP! Die Mitarbeit des Mandanten fehlt.*«

Der Moderator bietet dem intervenierenden Zuschauer nun die Möglichkeit an, nach vorne auf die Bühne zu kommen, um die Mandantin zu »doppeln«, um ihr die – seiner Meinung nach – angemessenen Worte in den Mund zu legen. Der Zuschauer lehnt dies jedoch ab und bevorzugt weiterhin die verbale Intervention von seinem Sitzplatz aus.

*s. S. 35
Doppeln*   **STOPP! Moment mal! Doppeln, was war das nochmal?**

Zuschauer:	»*Ja, sie sollte Herrn Süwitsch drei Tage Zeit geben und währenddessen selbst in die Abteilung gehen.*«
Zuschauerin:	»*Oder bei Ihren Mitarbeitern nochmals versuchen, das Verständis zu wecken, und wenn das nicht fruchtet, dann müsste Sie sich auch dazu bereit erklären, in anderer Weise einzuwirken.*«

Nach einer kurzen Diskussion im Publikum einigt man sich auf die Variante, dass Herr Süwitsch gemeinsam mit Frau Huber in die Abteilungen geht, um die Mitarbeiter dazu zu bewegen, den Prüfungsprozess zu unterstützen. Szenenwechsel.

Huber:	*»Könnten Sie Ihr Telefonat bitte kurz unterbrechen?«*
Schmidt:	*»Ich rufe Sie in zehn Minuten zurück. Wiederhören!«* (Er legt auf.)
Huber:	*»Ich habe Herrn Süwitsch hier und es fehlen ihm noch wichtige Unterlagen. Wir hatten doch darüber gesprochen.«*
Schmidt:	*»Ähm, ja, ich habe das an einen Praktikanten weitergegeben, der hat wohl nicht alle Belege auftreiben können und ich hatte gerade ein anderes Projekt abzuwickeln und deswegen gab es wohl diese …«*
Huber:	*»Ich würde vorschlagen, dass Sie dann Herrn Süwitsch ein bisschen unter die Arme greifen, damit wir das schnell und reibungslos über die Bühne kriegen.«* (Süwitsch und Schneider nicken.)
Huber:	*»Gut, ich denke, dann kann ich Sie hier alleine lassen und wir treffen uns um 12 Uhr wieder. Wiedersehen.«* (Huber geht von der Bühne.).
Schneider:	(zu Süwitsch) *»Ja, schauen Sie: Hier stehen die ganzen Ordner vom letzten Jahr. Suchen Sie sich, was Sie brauchen, und nehmen Sie es dann einfach mit.«*
Zuschauerin:	*»STOPP! So geht das ja nun nicht!«* (Lachen im Publikum)
Jürgen:	*»Also, so geht das ja nun nicht.«*
Schneider:	*»Bitte?«*
Jürgen:	*»Ich brauche konkret drei Nummern, die ich mir rausgesucht habe, und die möchte ich Ihnen gerne jetzt sagen …«*
Schneider:	*»Sie wissen ja, zu welchem Bereich die gehören, und den Monat haben Sie wahrscheinlich auch, die Ordner sind hier ja geordnet – größtenteils. …«*
Jürgen:	*»Sie haben hier Ihr eigenes System – um es mal so zu sagen –, wie Sie Ihre Belege abordnen und deshalb hätte ich gerne die drei Nummern von Ihnen. Und zwar wären das: 98372.«*

Schneider stellt sich vor das Regal mit den Ordnern, überlegt kurz und greift einen Ordner heraus.

Schneider:	»*Das muss hier sein.*« (Er schlägt den Ordner auf und sucht.)
Schneider:	»*Wie war die Nummer nochmal?*«
Jürgen:	»*98272*«
Zuschauerin:	»*...372*«
Jürgen:	»*Äh. 98372*«
Schneider:	»*Also die ...272 wäre da gewesen ...*« (lautes Lachen)
Jürgen:	»*98372!*«
Moderator:	»*STOPP! An dieser Stelle unterbrechen wir die Szene und die Schauspieler können sich kurz zurückziehen.*« (Applaus. Die Spieler gehen ab.)

Reflexion, Diskussion, Lösungsdrehbücher

Der Moderator und ein Spieler des TOI-Teams moderieren nun die Phase der »Lösungsdrehbücher« an. Die Teilnehmenden gehen in Kleingruppen und verfassen ein Lösungsdrehbuch für die eben interaktiv entwickelte Konfliktsituation.

s. S. 89. ff.
Drehbuchworkshops

STOPP! Gibt es eine ausführliche Praxisbeschreibung der Drehbuch-Phase?

Nach ungefähr 25 Minuten kommen die Teilnehmenden wieder in den Saal und die Umsetzung der Lösungsdrehbücher, das so genannte Theaterlabor, beginnt.

Theaterlabor: Szenische Umsetzung der Lösungsdrehbücher

Der Moderator fragt, ob eine Gruppe ihre Lösung dem Plenum vorstellen und mit Hilfe der Schauspieler auf der Bühne umsetzen möchte. Nacheinander werden so drei Lösungsvorschläge anhand der Lösungsdrehbücher von den Teilnehmenden vorgestellt und von ihnen selbst oder den TOI-Spielern auf die Bühne gebracht. (Dauer pro Drehbuch: zirka 10–15 Minuten)

Eine Spielerin des TOI-Teams unterstützt die Kleingruppe bei ihrer Arbeit am Lösungsdrehbuch.

❖ **Lösung 1:** Jürgen vereinbart mit Herrn Schneider verbindlich eine Zeit, zu der dieser die drei Belege herausgesucht hat. Dabei erklärt er Herrn Schneider nachvollziehbar, warum er diese Unterlagen so dringend braucht.

❖ **Lösung 2:** Jürgen vereinbart mit seinem Vorgesetzten einen neuen Gesprächstermin und bittet ihn dort um Unterstützung für sein Problem.

❖ **Lösung 3:** Jürgen und Frau Strasser versuchen bei Frau Huber, der Vorgesetzten von Herrn Schneider, Verständnis für die Situation zu wecken und so ihre Unterstützung zu bekommen.

Nach diesen Lösungsansätzen wurde in der »Experten-Runde« anhand der soeben szenisch erlebten Impulse noch einmal über die Prüfungstätigkeit vor Ort reflektiert. Hier hatten die Teilnehmer auch die Gelegenheit, ihre erfahreneren Kollegen hinsichtlich der aufgeworfenen Themen und Konfliktsituationen zu befragen.

Als unterhaltsamer Abschluss dieser 2¼stündigen Einheit ließen die Spieler die zuvor interaktiv entstandene TOI-Handlung noch einmal Revue passieren – pointiert in kurzen Szenenfragmenten.

Am Ende dieser TOI hatten die Zuschauenden Aspekte ihrer beruflichen Situation auf die Bühne gebracht, mitgelacht und mitgelitten. Sie hatten erfahren, welche Haltungen für ein positives Prüfer-Mandanten-Verhältnis förderlich sind und welche nicht. Sie hatten auch erkannt, dass es keine Pauschallösungen gibt, und dass – vor allem im Metier der Wirtschaftsprüfer – immer wieder mit sehr viel diplomatischem Fingerspitzengefühl agiert werden muss. Darüber hinaus wurde deutlich, wie schwierig Kommunikation manchmal sein kann und wie leicht Missverständnisse entstehen können. Diese Thematik wurde nach der sich an die TOI anschließenden Mittagspause in einem Vortrag über »Interkulturelle Kommunikation« noch einmal aufgearbeitet.

Rückblende

Zielgruppe: Großgruppe von 150 angehenden Wirtschaftsprüfern.

Interventions-fokus: Die TOI richtet sich an das Individuum: Jeder Mitarbeiter soll für sich sein eigenes Verhalten bzw. seine implizierten Wertvorstellungen reflektieren, gegebenenfalls soll Einsicht für die Notwendigkeit einer Änderung erzeugt werden.

Besonderheit: Der Moderator ist in diesem Fall nicht Teil des TOI-Ensembles. Er kooperiert projektbezogen mit den TOI-Spielern.

Einsatz-möglichkeiten: Die hier beschriebene TOI-Variante eignet sich für fast alle Fälle, in denen sich größere Gruppen in einem begrenzten Zeitraum (100 Minuten – ½ Tag) mit den zwischenmenschlichen bzw. sozialen Aspekten einer Thematik befassen (sollen).

»Das ist ja ganz schön aufwändig, so ein Thema in der Visualisierungsphase zu entwickeln. Und zudem ganz schön verwickelt! Was da alles dahintersteckt! Ich glaube, zum TOI-Spieler bin ich nicht geeignet. Aber bestimmt auch nicht zum Wirtschaftsprüfer! Das ist sicher!«

»Kapitän über Bord!«

TOI zur Bearbeitung unterschwelliger Themen bei Führungskräften

»Hallo zum zweiten Praxisbeispiel und ahoi auf unserem Schiff, das tragischerweise seinen Kapitän – na ja – ›verloren‹ hat. Jedenfalls ist er über Bord gegangen (… worden). Diese TOI war Bestandteil einer zweitägigen Führungskräftetagung. Diese fand – soviel kann ich Ihnen schon hier im Vertrauen sagen – nicht wirklich auf einem Schiff statt. Aber Schiffe spielen eine große Rolle in dem Geschehen – und Matrosen, Eisberge und einsame Inseln. Aber es gibt auch Workshops, Vorträge und Diskussionen. Wie das zusammenpasst? Lesen Sie selbst: TOI-Schiff Ahoi!«

Shortcut

Titel/Thema der TOI:	»Kapitän über Bord« – Führungsverhalten auf einem Schiff als Metapher für den Führungsstil in einem Chemieunternehmen.
Rahmen:	Zweitägige Führungskräftetagung unter dem Motto »Innovativ ins nächste Jahrtausend«.
Ziel:	Einstellungen der Führungskräfte aus der zweiten und dritten Ebene gegenüber ihrem Vorstand visualisieren und alternative Verhaltensweisen erarbeiten.
Dauer:	1 Tag.
Teilnehmerzahl:	150 Personen.
Schwerpunkt:	Reflexion der Szenen durch die Zuschauer.
Transfer:	Inwieweit entspricht der Unternehmensalltag dem Szenenverlauf auf der Bühne?
Realitätsbezug:	Metaphorische Verfremdung – Führungsverhalten auf einem Schiff als Metapher für den Führungsstil in einem Chemieunternehmen.

Entscheidung für den TOI-Einsatz

Der Wind in der Chemiebranche ist rauer geworden. Ein mittelgroßes Chemieunternehmen, das in seinen Produktsparten immer zu den Innovationsführern gehörte, steht vor neuen Herausforderungen. Zwei Konkurrenten haben gerade ihre Fusion beschlossen und vereinen nun ein geballtes Forschungs- und Entwicklungs-Know-how. Auch andere Unternehmen versuchen, in die angestammten und umsatzträchtigen Absatzmärkte einzudringen.

Vor diesem Hintergrund hat der Vorstand eine Stabsstelle gegründet, die wieder für die nötige Innovationskraft des Unternehmens sorgen soll. Unterstützend dazu ist seit einem Jahr eine Unternehmensberatung eingeschaltet, die sich unter anderem um die Einführung eines betrieblichen Vorschlagswesens kümmert. Die Strukturen dafür sind weitgehend geschaffen: Die Mitarbeitenden können per Internet oder Formular ihre Ideen einbringen, Führungskräfte fungieren als Gutachter und es existiert ein ausgefeiltes Prämiensystem. Außerdem wurde die Einführung des betrieblichen Vorschlagswesens mit einer ausführlichen Broschüre, Beiträgen im Intranet, Informationsmärkten und Vorträgen an alle Mitarbeiter kommuniziert.

Trotz dieser Maßnahmen liegt die Beteiligungsquote der Mitarbeitenden nach einem Jahr immer noch unter zehn Prozent. Erste Analysen der Unternehmensberatung lassen die Vermutung aufkommen, dass die Mitarbeiter sich von ihren Vorgesetzten nicht genügend unterstützt und sich teilweise sogar gehemmt fühlen, eigene Ideen zu äußern. In einem Gespräch mit dem Vorstand schlägt die Unternehmensberatung deshalb vor, dass die Vorgesetzten die Möglichkeit erhalten sollten, ihre Einstellung gegenüber dem betrieblichen Vorschlagswesen zu artikulieren. Alle Beteiligten wissen, dass dies ein nicht ganz leichtes Vorhaben ist, denn die Chefs werden vermutlich nicht so ohne weiteres ihre teilweise unterschwelligen Widerstände offen legen – immerhin handelt es sich um zirka 150 Führungskräfte aus der zweiten und dritten Ebene. Und wie so oft haben Führungskräfte nur wenig Zeit, sodass innerhalb eines relativ kurzen Zeitraums viel Tiefgang bei der Identifizierung und Bearbeitung des Problems erzielt werden muss.

In einem ersten Beratungsgespräch mit einem Vorstand und zwei Mitarbeitern der Innovationsstabsstelle empfiehlt die Unternehmensberatung deshalb, eine Form des interaktiven Unternehmenstheaters einzusetzen. Die Begeisterung der Verantwortlichen hält sich anfänglich in Grenzen – schließlich geht es hier um Führungskräfte, die schon viele Methoden erlebt haben und sehr kritisch sind. Nachdem sie sich jedoch näher mit den Potenzialen der Form des interaktiven Unternehmenstheaters beschäftigt haben, erhält die Unternehmensberatung in einem weiteren Gespräch den Auftrag, die Themenorientierte Improvisation als Interventionsmaßnahme einzusetzen.

> ### Blick hinter die Kulissen: Vertrauen, Offenheit und schlafende Hunde
>
> Um die TOI einsetzen zu können, stehen Sie als Berater oder Trainer vor der wichtigen und zugleich schwierigen Aufgabe, das *Vertrauen und die Offenheit der Auftraggeber zu gewinnen*. Die TOI ermöglicht allen Beteiligten, ihre Einstellungen zu visualisieren. Bei den Auftraggebern kann deshalb die Angst auftauchen, »schlafende Hunde zu wecken« oder »am eigenen Ast zu sägen«. Daher müssen sie die grundlegende Bereitschaft besitzen, sich lieber heute den Bedenken der Mitarbeiter zu stellen, als weiterhin gegen deren unterschwellige Widerstände anzukämpfen.
> Dies setzt in der Kontraktphase viel Klarheit über Möglichkeiten und Risiken des TOI-Einsatzes voraus. Und es bedeutet, dass sich der TOI-Projektleiter hier häufig in Beratungsfunktion mit den Bedenken und Ängsten der potenziellen Auftraggeber auseinandersetzen muss.

[handschriftliche Randnotizen: Bedenken, Klarheit usw., den Bedenken stellen!]

Einbettung der TOI in den Prozess

In einem ersten Briefinggespräch entwickeln zwei Unternehmensberater mit einem Vorstand, zwei Stabsstellenmitarbeitern und einer TOI-Projektleiterin eine zweitägige Führungskräftetagung unter dem Motto »Innovativ ins nächste Jahrtausend«: Auf dieser Tagung treffen am ersten Tag die fünf Vorstände und 145 Führungskräfte der zweiten und dritten Ebene zusammen, um die Ist-Situation zu analysieren. Außerdem sollen erste Impulse für den Veränderungsprozess des Unternehmens gesetzt werden. Dafür wird die TOI eingesetzt. Am zweiten Tag werden diese Impulse in moderierten Gruppenworkshops weiterbearbeitet. Alle 150 Teilnehmenden sollen sich mit Hilfe der Unternehmensberater auf eine gemeinsame Vorgehensweise zur Unterstützung der Innovationskraft des Unternehmens und des betrieblichen Vorschlagswesens einigen.

[handschriftliche Randnotizen: Impulse für Veränderungsprozesse als Unterstützung von Innovations-kraft]

Perspektiven erkunden: Einleitung in die TOI

Vor diesem Hintergrund treffen sich einen Monat später die fünf Vorstände und 145 Führungskräfte der zweiten und dritten Ebene im Besprechungssaal. Zu ihrer Verwunderung ist dieses Mal an einem Ende des Raumes eine Bühne aufgebaut. Punkt 9 Uhr kommt ein Mann im dunkelblauen Anzug mit flotten Schritten auf die Bühne. Es ist aber nicht der Vorstand, sondern ein Unternehmensberater. Er stellt den Zuschauenden eine neue Form der Kommuni-

Watzlawick
1992

kation in Aussicht, die sie jetzt kennen lernen werden: »*Sehr geehrte Damen und Herren, in Ihrem Unternehmen und seinen Abteilungen gibt es viele unterschiedliche Ansichten, Meinungen und Werte – kurzum: Es gibt genauso viele Perspektiven, wie es Personen gibt. Watzlawick, ein bekannter Psychologe, postulierte sogar, dass jeder von uns seine eigene Wirklichkeit im Kopf hat, jeder konstruiert sich seine eigene Wirklichkeit selbst!*

Aber diese unterschiedlichen Wirklichkeitskonstruktionen tauschen wir Menschen selten untereinander aus. Und so streiten wir darüber, ob es vom Brandenburger Tor zum Hauptbahnhof nun geradeaus geht oder nach links, ohne zu merken, dass der eine den Stadtplan von München in Händen hält, der andere den von Hamburg.

In der nächsten Stunde erhalten Sie nun die Möglichkeit, Ihre ›Stadtpläne‹ und ›Landkarten‹ untereinander auszutauschen. Dazu haben wir ein Unternehmenstheater eingeladen, das für Sie Ihre Gedanken zum Thema Innovation auf dieser Bühne visualisiert.«

Blick hinter die Kulissen

»Wieso wird hier erst gequasselt und nicht gleich mit der Visualisierungsphase der TOI begonnen? Das möchte ich jetzt schon von der Autorengruppe wissen! Aha, der Grund für diesen Vortrag ist, den Teilnehmenden *Orientierung und Sicherheit zu bieten*. Zwischen den Führungskräften und dem Vorstand scheint es gegenseitiges Misstrauen zu geben. Die TOI ist mit ihrer Interaktivität ein ungewohntes Kommunikationsmedium. Würde die TOI sofort zu Beginn eingesetzt, könnte bei den Zuschauern der Eindruck entstehen, dass sie jetzt auf eine besondere Weise »manipuliert« werden sollten. Mit dem Kurzvortrag wird den Beteiligten ein Modell als Basis angeboten, um den TOI-Einsatz richtig einordnen zu können. Sie verstehen den Sinn der Methode und müssen nicht das Gefühl haben, dass es sich hier um unseriösen Schnick-Schnack handelt.

Außerdem sind die Zuschauer 35–55 Jahre alt, seit längerem in einer Führungsposition tätig, sowie rational und zielorientiert geprägt. Durch eine frühzeitige *Nutzenargumentation* können Widerstände und Misstrauen abgebaut werden. Die Bereitschaft, sich auf diese neue Kommunikationsform einzulassen, steigt.«

Meuterei auf dem Schiff: Beginn der Visualisierungsphase

Nach anfänglich noch zögerlicher Beteiligung gelingt es dem TOI-Moderator, dass alle 150 Zuschauer gleichzeitig und gemeinsam »*Stopp!*« rufen und somit die beiden Spieler in ihren augenblicklichen Positionen einfrieren. Und auch bei der Zuschreibung von Situationen zu diesem ersten Standbild steigt langsam die Lust einiger Teilnehmer, Vorgaben auf die Bühne zu rufen.

Beim nächsten »*Stopp!*« frieren die beiden Spieler erneut ein. Beide Spieler stehen am linken und rechten Bühnenrand voneinander abgewandt. Jetzt leitet unser Moderator zum Thema über: »*Wenn Sie sich dieses Standbild unter der Voraussetzung anschauen, dass es sich hier um eine Schiffsbesatzung handelt: Um welche Situation könnte es sich dann gerade handeln?*«

»STOPP! Themaverfehlung! Das Thema der Veranstaltung lautet doch ›Innovativ ins nächste Jahrtausend‹! Was hat eine Schiffsbesatzung mit einem Chemieunternehmen zu tun? Warum eine Metapher?
… ach hier kommt ja schon die Antwort.«

Blick hinter die Kulissen: Metaphern

Eine Metapher kann den Beteiligten eine *ästhetische Distanzierung* von ihrem Alltag und somit die Möglichkeit bieten, sich emotional mit dem Thema zu beschäftigen, ohne zu stark hineingezogen und dadurch *unterdistanziert* zu sein: Emotionen werden möglich, wie im Kino, bleiben aber ungefährlich.

Als Metaphern eignet sich z.B das Schiff: Es gibt den Kapitän und die Offiziere (= Vorstand), die Obermatrosen (= Führungskräfte) und die Matrosen (Mitarbeiter). Jedes Schiff hat einen Kurs (= Unternehmensstrategie), den meistens der Kapitän vorgibt. Außerdem ist das Schiff Naturgewalten (= Markt) ausgesetzt – und natürlich muss es immer wieder erneuert oder sogar ein neues Schiff konstruiert werden (= Innovation), damit weiterhin Passagiere (= Kunden) mitfahren wollen.

Eine Metapher kann Schutz davor bieten, dass Teile des Publikums *bloßgestellt* oder persönlich verletzt werden, wenn auf der Bühne bestimmte Handlungen vollzogen werden. Andererseits ermöglicht die Indirektheit der Metapher die Darstellung und Bearbeitung unterschwelliger Themen.

Ein Nebeneffekt der Metapher ist außerdem, dass die TOI-Spieler *nicht jedes Unternehmensdetail kennen müssen,* um eine Identifikation bzw. Betroffenheit der Zuschauenden zu erreichen: Um für die korrekte Darstellung der Unternehmensrealität jeden Unternehmensbegriff, Prozessablauf und sonstige Interna zu kennen, müssten die Spieler monatelang im Unternehmen integriert sein – ein Aufwand, der zeitmäßig kaum zu bewerkstelligen ist, von den Kosten ganz zu schweigen. Und sie würden trotzdem vermutlich nur auf Halbwissen zurückgreifen können.

Die Spielerin im weißen T-Shirt und der Spieler im grünen T-Shirt stehen immer noch eingefroren auf der Bühne. Da kommt die erste Vorgabe: »*Die weiße Spielerin beobachtet etwas auf dem Wasser!« »Und der grüne Spieler greift jemanden mit einem Kampfschrei an!«* ergänzt ein anderer Zuschauer. Bei dieser Vorgabe hört man zum ersten Mal Gelächter aus dem Publikum. Eine dritte Zuschauerin ergänzt: »*Die weiße Spielerin schreit: ›Kapitän über Bord!‹«*

An dieser Stelle hakt der TOI-Moderator ein und fragt nach der Intonation, mit der die Spielerin diesen Satz rufen sollte. »*Panisch!«* antwortet die Zuschauerin ernsthaft, doch sogleich ruft ein anderer Zuschauer: »*Erfreut!«* und die zweite große, leicht hämische Lachwelle rollt durch den Raum.

Da hier zwei extrem unterschiedliche Vorgaben zur Wahl stehen, lässt der Moderator beide Varianten kurz szenisch umsetzen und dann abstimmen: Durch Applaus soll sich das Publikum für die Variante »*panisch*« oder »*erfreut*« entscheiden – die Klatschlautstärke spricht eindeutig für letztere.

Die beiden TOI-Spieler führen die Vorgaben aus: Der grüne Spieler stößt den Kapitän über Bord, die weiße Spielerin schreit erfreut »*Kapitän über Bord!«* Und als die beiden Spieler selbstständig auch noch die gesamte Offiziersriege über Bord werfen, werden sie mit Beifall des Publikums begleitet.

Blick hinter die Kulissen: Welche Inhalte kommen auf die TOI-Bühne?

Der *Einstieg ins Thema* erfolgt oft sehr schnell. Das Ausgangsstandbild hätte sicherlich noch andere Interpretationen zugelassen. Aber durch die Publikumsvorgaben wurde relativ schnell »eine Meuterei« etabliert. Daran wird deutlich, welche Themen »drängend« oder »heiß« sind. Man könnte auch sagen, das Ganze ist mehr als die Summe seiner Teile: Die Meutereiszene wurde wie ein Puzzle zusammengesetzt. Fünf Einzelvorgaben fügten sich zu einem Bild zusammen, das mächtiger ist als die einzelnen Vorgaben:

❖ *»Die weiße Spielerin beobachtet etwas auf dem Wasser!«*
❖ *»Und der grüne Spieler greift jemanden mit einem Kampfschrei an!«*
❖ *»Die weiße Spielerin schreit: ›Kapitän über Bord!‹«*
❖ *»Panische Reaktion!«*
❖ *»Nein, erfreute Reaktion!«*

Interessant ist, dass diese Szene trotz der Anwesenheit des Vorstandes zustande kam. Aber es konnte keine einzelne Person für diese Meutereiszene »verantwortlich« gemacht werden: Die fünf Zuschauer hatten nur ihren jeweils »korrekten« Beitrag geleistet, durch das Zusammenwirken kam aber ein neues (vielsagendes) Resultat heraus.

Die Ingenieure übernehmen das Schiff: Fortsetzung der Visualisierungsphase

Nach diesem ersten Ereignis möchte ein Zuschauer etwas wissen. Da sich die Frage auf den grünen Spieler bezieht, holt der TOI-Moderator den Spieler auf den heißen Stuhl, um in sein Innenleben »hineinzuschauen«.

STOPP! Sie wissen ja: Wenn Ihnen eine TOI-Technik unklar ist, dann finden Sie weitere Informationen an anderer Stelle …

s. S. 33
Techniken der TOI

Auf die ersten Fragen antwortet der Spieler, dass er Tom heiße, 30 Jahre alt sei, als gelernter Ingenieur für den Maschinenraum zuständig und der stärkste Matrose hier an Bord sei.

»*Wer soll denn jetzt das Schiff führen?*«, lautet die nächste Zuschauerfrage. Darauf weiß Tom auch noch keine richtige Antwort, er wirkt ratlos. Sogleich kommt der Hinweis aus dem Publikum, dass Tom als Ingenieur doch das Schiff selbst führen könne. Dies wird mit Beifall begleitet.

> ### Blick hinter die Kulissen: Der heiße Stuhl
>
> Der heiße Stuhl ist ein spannendes *indirektes Kommunikationsinstrument:* Hier können die Zuschauer durch bestimmte Fragen an die Bühnenfigur Botschaften verpacken, die sie in einem realen Gespräch – zum Beispiel mit ihrem Vorgesetzten – nie als Aussagesatz formulieren würden. So kann die Botschaft: »Herr Schneider, ich bin der Meinung, dass ich kompetent genug bin, die Führung Ihrer Abteilung zu übernehmen« indirekt verpackt werden in der Frage: »Tom, wieso gehst Du nicht selbst auf die Brücke und führst das Schiff? Du bist doch Ingenieur!« Auf der Bühne können die Spieler – erst Recht, wenn im Rahmen einer Metapher gehandelt wird – diese ›fragbare‹ Botschaft ›sagbar‹ und damit öffentlich machen.

Und so schnappt sich Tom seinen Kollegen Roger und die Schiffsköchin Bärbel und übernimmt das Kommando auf der Brücke. Da kommt schon die nächste Vorgabe: »*Sie fahren direkt auf einen Eisberg zu!*« Nun hagelt es neue Vorgaben: Zunächst wird ein Seelsorger an Bord geholt. Ein Zuschauer schlüpft in diese Rolle und spielt auf der Bühne mit (s. auch S. 36).

Kurz danach kommt die Anweisung, Tom als neue Führungskraft wieder auszutauschen. Keine 30 Sekunden später soll der Betriebsrat einberufen werden. Nach weiteren 15 Sekunden soll eine Mitarbeiterbefragung erfolgen. Bis zuletzt die Vorgabe kommt: »*Das Schiff kollidiert mit dem Eisberg!*«

Neubeginn auf einer einsamen Insel: Ende der Visualisierungsphase

Das Schiff rammt den Eisberg. Die drei frischgebackenen Führungskräfte hüpfen in die Rettungsbote. Ein Zeitsprung – sie stranden auf einer einsamen Insel.

Müde und ermattet setzen sie den ersten Fuß auf die Insel. Währenddessen hören die Zuschauer ihre *innere Mitteilung.*

Blick hinter die Kulissen: Die »Innere« Mitteilung

Die »Innere Mitteilung« ist ein weiteres *indirektes Kommunikationsinstrument:* Die Vorgaben des Publikums und die aktuelle Szene bewirken bei den Spielern Gefühle und Gedanken. Es sind Gefühle und Gedanken, die auch die Zuschauer in ihrem beruflichen Alltag in sich tragen, aber nie auszusprechen wagen. Durch diese Technik können die Spieler stellvertretend diese Gedanken im Plenum äußern.

Endlich ist ein Neuanfang auf dieser Insel möglich! Mit festem Boden unter den Füßen und der Unterstützung des Publikums können die drei Spieler »*endlich alles besser machen*« als auf dem Schiff. »*Zuerst nach Wasser suchen!*« – »*Nein, sie haben in ihrem Rettungsboot noch Proviant mitgebracht!*« – »*Sie sollen sich aufteilen und nach Essen suchen!*« – »*Nein, zusammenbleiben und erst den Proviant essen!*« – »*Sie sollen sich zusammensetzen und ihr weiteres Vorgehen diskutieren!*«

Viele Zuschauer möchten jetzt gleichzeitig die Führung der Bühnenhandlung übernehmen, jeder hat eine noch bessere Idee. Die drei Bühnenfiguren haben Probleme, die Vorgaben umzusetzen. Kaum gehen sie los, um nach Essen zu suchen, sollen sie sich schon wieder zusammensetzen.

Dies war auch der Impuls für den TOI-Moderator, die vorangegangenen Geschehnisse zu reflektieren: »*Nach meiner Wahrnehmung beanspruchen nun viele hier im Raum die Führung auf der Bühne, seit der Kapitän und die Offiziere über Bord geworfen wurden. Die Spieler haben keine Möglichkeit mehr, jede Vorgabe umzusetzen, weil sofort wieder eine neue Vorgabe kommt, die keine Un-*

terstützung der ursprünglichen Idee darstellt, da sie nicht wirklich an den vorhergehenden Ideen anknüpft.«

Und er fährt fort: »*Nach der Kaffeepause haben Sie die Möglichkeit, die bisherigen Ereignisse auf Parallelen zu ihrem Unternehmensalltag zu überprüfen. Ihre Erkenntnisse können Sie anschließend hier im Plenum vorstellen.«* Damit endet diese erste Visualisierungssequenz nach 40 Minuten Spielzeit.

Nach der Kaffeepause gehen die 150 Führungskräfte in fünf Workshops, die je ein Moderator der Unternehmensberatung begleitet. Die Zuordnung der Teilnehmer auf die Workshops wurde vorher durch verschiedene Farbpunkte auf den Namensschildern bestimmt, wobei auf eine gleichmäßige Verteilung der Hierarchiestufen und Geschlechter geachtet wurde.

Blick hinter die Kulissen: Reflexion der Metapher

In dieser TOI-Variante gibt es am Ende der Visualisierungsphase *keinen* konkreten Konflikt zwischen einem Protagonisten und einer anderen Rollenfigur, der bearbeitet wird. Stattdessen sollen sich die Zuschauer anhand der metaphorischen Geschehnisse auf der Bühne bewusst werden, was auf einer vielleicht unbewussten Ebene in ihrem Unternehmensalltag vor sich geht.

Szenenreflexion und Transfer in den Unternehmensalltag: Auswertung in moderierten Workshops

Die Leitung dieser Workshops wird von fünf Unternehmensberatern übernommen. Jeder schließt nun am Vortrag des Morgens an: »*Heute morgen erzählte mein Kollege, es gebe genauso viele Perspektiven, wie es Personen gibt. Und so hat jeder von Ihnen wahrscheinlich die Szeneninhalte und die Interaktion unterschiedlich empfunden. Ich möchte Sie nun bitten, dass Sie Ihre Erlebnisse und Eindrücke austauschen!«*

In der sich anschließenden Diskussion schält sich langsam ein Hauptwiderstand heraus, der das betriebliche Vorschlagswesen und die Innovationsinitiative des Vorstandes torpediert: Die Führungskräfte empfinden das Kommunikationsverhalten »der Kommandobrücke« als »geheim, abgeschottet und autoritär«. Bisher habe »die Schiffsleitung« zu wenig über »den neuen Kurs« berichtet, sodass bei der »Mannschaft« zu viel Raum für Interpretationen und Gerüchte bestand. Deshalb wuchs der stille Wunsch unter der »Besatzung«, das »Ruder endlich herumzureißen«, um wieder »einen klaren Kurs« zu fahren.

»Wir möchten das Ruder wieder herumreißen!« – Die Teilnehmer reflektieren das Bühnengeschehen.

Blick hinter die Kulissen: Bildersprache

In solchen an die TOI anknüpfenden Diskussionen werden *Bilder* genutzt: Einige Teilnehmer schätzen die Möglichkeit, anhand der auf der Bühne entstandenen Bilder ihre Eindrücke zu schildern.

Dadurch entsteht eine *zweite Kommunikationsebene* für die Teilnehmenden, die Tabuthemen nicht direkt ansprechen möchten: Dass die Schiffsmannschaft mit »dem Kurs der Brücke« nicht zufrieden ist, können die Teilnehmerinnen und Teilnehmer leichter artikulieren, als dass sie selbst »mit der Strategie des Vorstandes« unzufrieden sind. Andere Teilnehmende brauchen jedoch diese verfremdete, metaphorische Ausdrucksmöglichkeit nicht – sie sprechen ihre Meinung direkt aus.

Durch die vorhergehende Visualisierungsphase wird es den Betroffenen auch erleichtert, über ihre *Gefühle zu sprechen*. Theater ist ein ganzheitliches Medium, das neben rationalen Inhalten auch Emotionen transportiert. Wäre die Diskussion ohne die vorherige TOI-Phase geführt worden, bestünde die Gefahr, dass vordergründig »rein sachlich« diskutiert würde, die Emotionen der Betroffenen aber unterschwellig die Diskussion beeinflussen würden.

Austausch unterschiedlicher Wahrnehmungen: Gemeinsame Reflexion im Plenum

In jedem Workshop einigen sich die Teilnehmenden auf drei Kernsätze, die die gemeinsame Wahrnehmung der Szenen und die Parallelen im Unternehmensalltag beinhalten. Danach kommen sie wieder im Zuschauerraum zusammen. Ein Sprecher jedes Workshops stellt in einer kurzen Erläuterung die drei Kernsätze vor.

Diese Kernsätze bleiben unkommentiert. Stattdessen wird die Visualisierungssequenz, die am Morgen gleichzeitig auf Video aufgezeichnet wurde, nochmals auf eine Leinwand projiziert. Mit ihren individuellen Wahrnehmungen, den Wahrnehmungen der anderen, die in den Workshops ausgetauscht wurden, und den gemeinsam formulierten Kernsätzen im Hinterkopf sehen die Zuschauer nochmals diese TOI-Sequenz. Dann gehen sie in die Mittagspause – genügend Zeit für individuelle Gespräche.

> ### Blick hinter die Kulissen: TOI-Video
>
> Stadtpläne und Landkarten untereinander austauschen, um Wahrnehmungskonflikte zu vermeiden: Ein Videofilm bietet hier die Chance, die Inhalte der TOI-Sequenz aus einer neuen Perspektive zu sehen. Diese Wirkung kann der Film aber nur erzielen, weil sich die Zuschauer für die Inhalte des Videos »mitverantwortlich« fühlen. Ihr Gefühl, am Morgen als aktive Zuschauer die Inhalte selbst kreiert zu haben, ist Voraussetzung für die nötige *Betroffenheit*.
>
> Dieses so genannte *Involvement* würde viel geringer ausfallen, wenn der Film später anderen Mitarbeitern zur Multiplikation gezeigt würde. Außerdem ist die allgemeine Erwartung an Videoaufzeichnungen, dass sie »perfekt inszeniert« sind – ein Anspruch, den das interaktive Unternehmenstheater wegen seiner Entstehung im Hier-und-Jetzt nicht leisten kann.

Veränderungsszenarien erarbeiten: Entwicklung von Lösungsdrehbüchern

»Wie sollte die Situation gestaltet werden, damit es nicht zur Meuterei kommt?« – Das ist die Arbeitsaufgabe für die Workshopeinheit nach der Mittagspause. Bereits während der Mittagspause diskutierten die Zuschauer erste Verbesserungsvorschläge. Jetzt sollen sie in ihrer Gruppe je ein konkretes Drehbuch entwickeln, das ihre Vision eines besseren Führungsstils ausdrückt.

s. S. 32
Lösungsdrehbücher

STOPP! Wo kann ich noch etwas über das Drehbuch-schreiben erfahren?

> ### Blick hinter die Kulissen: Drehbücher
>
> Das Drehbuch ist nach der Reflexionsphase der zweite wichtige *Kommunikationsimpuls:* Nachdem in der vorigen Phase das Eis geschmolzen ist, um über die Vergangenheit zu sprechen, können die Beteiligten jetzt ihre Wirklichkeitskonstruktionen für eine bessere Zukunft austauschen.

Veränderungsszenarien visualisieren und ausprobieren: Lösungsideen im Theaterlabor

Aber Papier ist geduldig – deshalb werden die Drehbücher 20 Minuten lang »im Theaterlabor live getestet«. Ein Regisseurteam aus jedem Workshop stellt dazu das Drehbuch im Plenum vor. Ihm steht es frei, seine Lösung selbst vorzuspielen oder dies dem TOI-Team zu überlassen.

Die erste Gruppe entscheidet sich für letztere Version. Sie platziert sich am Bühnenrand und überwacht, ob die TOI-Spieler ihre Vorstellungen richtig umsetzen. Ihr Drehbuch setzt beim Stranden auf der einsamen Insel ein. Die Grundidee ist, dass Tom durch aktives Coaching die Führungsrolle übernehmen soll: »*Welche Prioritäten sollten wir uns jetzt setzen? Zuerst die Insel erkunden und gleich nach Nahrung suchen?*« »*Welche Erwartungen habt ihr jetzt an unsere Zukunft?*« Tom soll durch Fragen führen. Und er versucht es auf der Insel. »*Seine beiden Kollegen sind noch von der Fahrt im Rettungsboot ganz mitgenommen, geben ihm aber bereitwillig Antwort.*« – so lautet die weitere Anweisung des Drehbuchteams.

Nach drei Minuten unterbricht der TOI-Moderator den Führungsversuch von Tom und bittet ihn auf den heißen Stuhl.

»Ich bin in diese Führungsrolle einfach so reingerutscht. Führen ist gar nicht so einfach, wie ich als Matrose zuerst dachte! Wir sind auf einer einsamen Insel und haben kaum Proviant. Da dauert mir das ständige Fragen zu lange. Ich

s. S. 38
Rolleninterview:
Der heiße Stuhl

würde in diesem Fall lieber klare Anweisungen geben.« lautet das Feedback von Tom.

Und seine beiden Kollegen offenbaren auf dem heißen Stuhl, dass es ihnen schwer fällt, dauernd auf Toms Fragen einzugehen und auch noch seine Führung anzuerkennen – schließlich sei er doch ihr Kollege.

Blick hinter die Kulissen: Visuelle Anker

Das Theaterlabor und die Feedbacks der Rollenfiguren bieten den Prozessbegleitern einen hervorragenden *visuellen Anker,* um ihr Fachwissen situationsbezogen zur Verfügung zu stellen. In unserem Szenario kann der Unternehmensberater beispielsweise den Coachingansatz des Regisseurteams als vielversprechenden Ansatz würdigen und aus Toms Feedback, dass Führen und Integrieren unter Zeitdruck gar nicht so leicht sei, auch Verständnis für die Situation des Vorstands ableiten.

Durch die Verknüpfung mit der konkreten Bühnensituation sind die Zuschauer *offener* für die Botschaft, als wenn sie nur als Parole in einem Vortrag ausgegeben würde. Außerdem bleibt der visuelle Eindruck stärker im *Gedächtnis verankert.*

Auch bei der Umsetzung der nachfolgenden vier Drehbücher wird dem Publikum deutlich, dass einige Lösungen auf dem Papier funktionieren, aber der Mensch mit seinen Emotionen auf diese rational schlüssig durchdachten Konzepte nicht immer so reagiert wie geplant … *»Die Lösung liegt doch auf der Hand!*« – Mit dieser Meinung gehen viele in die Drehbuchphase hinein. Durch das Theaterlabor wird den Beteiligten nochmals die *Komplexität* der Thematik vor Augen geführt. Damit steigt die Chance, dass die Beteiligten nicht mehr vorschnell über das Verhalten des anderen urteilen, sondern sich bereitwilliger in dessen Situation hineinversetzen.

Impulse aufgreifen und mit dem Veranstaltungsthema verknüpfen: Abschließende Kommentierung der TOI-Ergebnisse

Den ganzen Tag über haben sich alle 150 Teilnehmenden intensiv mit ihrer Ist-Situation beschäftigt. Zahlreiche Impulse wurden gesetzt, die die Einsicht für eine notwendige Änderung gefördert, Reflexion initiiert und Irritation erzeugt haben. Jetzt, vor dem Abendessen, bietet sich für die fünf Unternehmensberater die Gelegenheit, ihre externe Sichtweise der Situation darzulegen und damit auf aufmerksame Zuhörer zu stoßen. Außerdem können sie nun die Verbindung vom TOI-Thema »Führung auf einem Schiff« zum Veranstaltungsthema »Innovativ ins nächste Jahrtausend« herstellen.

> ### Blick hinter die Kulissen: Was heißt Themenorientierung?
>
> Ihre *Zieloffenheit* ist ein typisches Charaktermerkmal der TOI: Sie kann das *abstrakte* Ziel erfüllen, die Ist-Situation des Individuums, der Gruppe und/oder des Systems zu visualisieren. Sie kann aber nicht das *konkrete* Ziel erfüllen, beispielsweise die »Chancen des betrieblichen Vorschlagswesens« darzustellen, da durch die Einbeziehung des Publikums nicht vorhersehbar ist, ob genau dieses Thema gewählt wird. Wenn die Führungskräfte noch gar nicht bereit sind, sich mit einer Innovationsinitiative zu beschäftigen, sondern erst einmal ihren Vorstand austauschen möchten, dann ist dies das Thema der Gruppe. Und an diesem Thema orientiert sich die Improvisation.

Nachwirkungen der TOI

19 Uhr: Mit leichter Verspätung beginnt das Abendessen. Stimmengewirr erfüllt den Raum. Die Teilnehmenden reden miteinander. Der Abteilungsleiter Verfahrensentwicklung und der Vorstand für Forschung und Entwicklung sitzen zusammen an einem Tisch und sind in ein Gespräch vertieft. *»Schauen Sie mal, Herr Barth und Herr Dr. Schulmeier sprechen wieder miteinander!«*, hört man da eine Teilnehmerin sagen. *»Eine gute Voraussetzung für morgen!«* entgegnet ihr Kollege.

> ### Das TOI-Design im Detail
>
> *1. Tag: TOI-Einsatz*
>
> | | |
> |---|---|
> | 9:00 – 10:00 | Visualisierung der IST-Situation. |
> | 10:15 – 11:30 | Szenenreflexion und Transfer in den Unternehmensalltag. – Die Reflexion in moderierten Workshops. |
> | 11:45 – 13:00 | Austausch der unterschiedlichen Wahrnehmungen. – Die gemeinsame Reflexion im Plenum. IST-Situation auf Video. |
> | 14:30 – 15:30 | Veränderungsszenarien erarbeiten. – Die Drehbuchentwicklung. |
> | 15:45 – 17:15 | Veränderungsszenarien visualisieren und ausprobieren. – Lösungsideen im Theaterlabor. |
> | 17:30 – 18:30 | Lösungen reflektieren und deren Potenzial analysieren. – Die Reflexion als Podiumsdiskussion. |
>
> *2. Tag: Workshops zur Nachbereitung des TOI-Prozesses*

Rückblende

Zielgruppe:	Vorstand und Führungskräfte der zweiten und dritten Ebene eines Chemieunternehmens
Interventionsfokus:	Reflexion über die Gruppendynamik initiieren: Zuschauer können in die Rolle von »Führungskräften für Szenengestaltung« schlüpfen und ihre »Führungsleistung im Zuschauerraum« reflektieren.
	Anschließend vergleichen sie die erarbeiteten Verhaltensmuster mit denen in ihrem betrieblichen Alltag und arbeiten Parallelen heraus.
Besonderheiten:	1. Der Einsatz einer Metapher erleichtert der Zielgruppe die Distanzierung von ihrem betrieblichen Alltag und verringert die Gefahr einer Bloßstellung Einzelner vor der Gruppe.
	2. Es wird kein konkreter Konflikt bearbeitet, der mittels der TOI visualisiert wird, sondern die Führungskultur im Unternehmen wird reflektiert.
	3. Die TOI ist das zentrale methodische Gestaltungselement der Veranstaltung. Es werden alle TOI-Phasen eingesetzt.
	4. Hierarchiemix: Vorstand und Führungskräfte sind gleichzeitig im Zuschauerraum anwesend.
	5. Externer Auftraggeber: Unternehmensberatung als vermittelnde Auftraggeberin der TOI.
Einsatzmöglichkeiten:	Bei unterschwelligen Konflikten und Tabuthemen, die in relativ kurzer Zeit identifiziert und bearbeitet werden sollen und bei denen es besonders auf den »Schutz Einzelner vor einer möglichen Bloßstellung« vor der Gruppe ankommt.

»… oioi – ahoi! Die sind ja ganz schön tief hineingeschlittert in ihr eigentliches Thema durch den »Trick« mit dem Schiff – und einen einzigen Satz: »Kapitän über Bord«. Dadurch haben sie wohl einiges über Bord werfen können, das sie auf ihrem Schiff behindert hat …«

Die AbenTOIer eines Spielers

TOI auf einem Kongress für Lehrlingsausbilder

»Sie sind Ausbilder? Für Sie – aber natürlich auch für alle anderen – könnten die AbenTOIer eines Spielers in unserem dritten Praxisbeispiel – ein Kongress österreichischer Lehrlingsausbilder – interessant sein. Sie haben hier die Gelegenheit, auf die »andere Seite« zu schauen, oder besser: nach innen in die Psyche des Schauspielers sozusagen. Lampenfieber inklusive! – Exklusiv in diesem Buch! Was in der Außenschau oft klar und elegant wirkt, ist aus der Innensicht der TOI-Akteure ein immer neues Wagnis (wenn auch mit kalkulierbaren Risiken). Aber jetzt schnell raus auf die Bühne! Toi, toi, toi!«

Ich sitze mit meinen drei Kollegen Tiziana, Volker und Markus im Auto nach Innsbruck. Die TOI soll dort um 14:00 Uhr starten. Ich bin zwar noch ein bisschen müde, aber bereits während der Fahrt auf der Autobahn gehen wir alle relevanten Punkte für diese TOI nochmals durch … *»Also Leute! Fangen wir mit der Ausgangssituation an …«*

Ausgangssituation

Zum Jahreskongress eines österreichischen Verbands für Lehrlingsausbilder (Auszubildende werden in Österreich Lehrlinge genannt) beschäftigen sich die Teilnehmer einen Nachmittag lang mit brisanten Situationen in der Lehrlingsausbildung. Als Medium wollen die Veranstalter dieses Jahr eine neue Methode einsetzen: die TOI.

s. S. 27
Briefing

Shortcut

Titel/Thema der TOI:	»Szenen einer Ausbildung«.
Rahmen:	Halbtägiger Kongress eines Verbandes von Lehrlingsausbildern.
Ziel:	Anhand konkreter Alltagssituationen soll auf Konfliktpotenziale hingewiesen werden. Es sollen Wissenslücken geschlossen und Sensibilität für das Führungs- und Ausbildungsverhalten entwickelt werden.
Dauer:	6 Stunden.
Teilnehmerzahl:	180 Personen.
Schwerpunkt:	Ausbildungsstil – Pädagogische Kompetenz.
Realitätsbezug:	Direkt, konkret am Alltag der Teilnehmer orientiert.
Besonderheiten:	Prototypische Szenenanfänge wurden im Vorfeld generiert. Vor den Szenen gab es einleitende Impulsreferate.
Raum:	Vortragssaal mit Forumbühne und Rundbestuhlung.

Briefing

Form follows Function

Im Vorfeld der TOI klärte der Projektleiter mit dem Veranstalter im Briefinggespräch über die allgemeinen Rahmenbedingungen hinaus folgende Fragen:

❖ Welche Themen bewegen die Lehrlingsausbilder derzeit besonders?
❖ Wird es verschiedene Interessenschwerpunkte unter den Teilnehmenden geben?
❖ Welche spezielle TOI-Variante ist für diese Zielgruppe angemessen?

STOPP! Was wird bei einem TOI-Briefing noch alles geklärt?

Im Briefinggespräch kristallisierte sich heraus, dass die jährlich stattfindende Veranstaltung von den Lehrlingsausbildern in der Regel sehr gut angenommen wird und sie das Forum für sich zu nutzen wissen. Bei der für die Ausbilder neuen und ungewohnten Form der TOI dürfte jedoch auch mit Vorbehalten und Widerständen einiger Teilnehmer gerechnet werden.

In der Planung wurde dies berücksichtigt: Bereits im Vorfeld wurden die eingeladenen Teilnehmerinnen und Teilnehmer nach Themen befragt, die sie besonders beschäftigen und die sie auf der Veranstaltung gerne wiedersehen würden. Als Ergebnis entstanden drei Themenschwerpunkte, die den Rahmen für die konkreten, also am Alltag orientierten Szenen der TOI bildeten:

- ❖ »Aller Anfang ist schwer.« – Der Start in die Lehre.
- ❖ »Piercing, Tatoos und …« – Schräges Outfit, flapsige Umgangsformen.
- ❖ »Gehen wir eine rauchen, Boss …« – Autoritäts- und Vertrauensrolle der Ausbilder.

Ablaufstruktur

Folgender Ablauf wurde festgelegt:

- ❖ Begrüßung – Rahmenklärung durch die Veranstalter (15 Min.),
- ❖ Impulsvortrag zum Thema »Ausbildung allgemein« (10 Min.),
- ❖ Einführung in die TOI (10 Min.),
- ❖ Drei kurze, ins Thema einleitende Impulsreferate mit jeweils anschließenden TOI-Szenen (2 Std.),
- ❖ Drei parallele Workshops: Lösungsdrehbücher zu den drei Themenschwerpunkten (1 Std.),
- ❖ Vorstellung der erarbeiteten Drehbücher auf der TOI-Bühne (1 Std.),
- ❖ Abschluss und Verabschiedung (15 Min.).

s. S. 29
Tipps für Veranstalter

Am Auftrittsort angekommen, checken wir zunächst die Rahmenbedingungen vor Ort: Licht, Bühnenequipment, Tonanlage. Alles perfekt – zum Glück, denke ich mir, denn das ist nicht immer so. Die Auftraggeber haben in diesem Fall wirklich optimale Rahmenbedingungen für uns organisiert. Wir haben nun eine Stunde Zeit für eine »Vor-Ort-Probe«. Dazu gehen wir die Rollenfiguren nochmals genau durch und spielen kurze improvisierte Szenen im »Ausbildungsmilieu«. Draußen leuchten in der warmen Spätherbstsonne die Alpen über Innsbruck.

Es folgt eine kurze Besprechung mit den drei Workshopleitern und dem Referenten. Wir stimmen unser gemeinsames Vorgehen und die Rollenaufteilung in den Workshopeinheiten aufeinander ab.

Im Vorfeld des Kongresses hatten die Teilnehmer drei Themenschwerpunkte zur Wahl gestellt bekommen. Diese sollten im Verlauf der Veranstaltung dann in verschiedenen Workshops vertieft werden. Die Workshops wurden gemeinsam von einem TOI-Spieler und einer Berufsorientierungstrainerin für Jugendliche begleitet, die für die inhaltliche Bearbeitung zuständig war. Darüber hinaus sollten die Teilnehmenden selbst aktiv sein, indem sie Lösungsdrehbücher verfassen.

s. S. 80

STOPP! Ich möchte mehr über die Methode des TOI-Drehbuchs erfahren!

*s. S. 32
Lösungsdrehbücher*

Nach dem Mittagessen startet der Kongress: Die Teilnehmer treffen nach und nach ein. Wir ziehen uns zurück, um uns für den Auftritt *aufzuwärmen*.

> ### Blick hinter die Kulissen: Aufwärmen
>
> Beim Aufwärmen (Warm-up) konzentrieren sich die Spieler weniger auf das Thema, in das sie sich bereits während der Vorbereitung eingedacht haben, sondern sie stellen sich auf die Bühnensituation ein. Sie vergegenwärtigen sich eventuell vorgegebene Rollen. Sie stimmen sich aufeinander ein, um gemeinsam kreativ, geistig flexibel und ausdrucksstark zu werden.
> Dies geschieht durch bestimmte Warm-up-Rituale, wie z.B. Übungen zur körperlichen Erwärmung, zum Wecken von Spontaneität und Konzentration und Entspannung.
> Ablenkende äußere Reize, die neue Umgebung, aber auch eventuelle Mängel der Organisation, die zusätzliche Energien benötigen, treten in den Hintergrund. Die Konzentration der Spieler richtet sich auf den anstehenden Auftritt. Auch der Moderator der TOI hat nochmals die Gelegenheit, sich mental auf seine Spieler einzustellen.

s. S. 124 ff.
Kleine Spiele und
Impulsspieler

STOPP! Wo finde ich Beispiele für solche Aufwärmübungen?

Nach unserem Warm-up gehen wir in den Kongressraum – die Veranstaltung läuft bereits – und setzen uns in die letzte Zuschauerreihe. Langsam steigt bei mir das Lampenfieber – der übliche Adrenalinschub vor einer Aufführung.

Nach der allgemeinen Begrüßung durch die Veranstalter und einer Rück- und Vorschau auf Entwicklungen und Aktivitäten der veranstaltenden Organisation startet nach einer halben Stunde der einführende Impulsvortrag über Situation und Probleme der Ausbildung. Ich persönlich mag diese Phase des »Zwischen allen Stühlen«-Wartens überhaupt nicht. Am liebsten würde ich gleich auf die Bühne springen. Aber das ist auch eine Kunst für sich: sich in Veranstaltungen einfügen und jederzeit bereit sein, mit 100-prozentiger Präsenz auf die Bühne zu gehen.

Vlcek 1997

Impulse mit TOI-Szenen

Einführung in die TOI für die Teilnehmer

Wie ich es erwartet hatte, entspricht die Stimmung nach einer Viertelstunde Vortrag »typischen« Großveranstaltungen: Die Teilnehmer fangen an, sich nach dem Motto »Bin ja nur als Zuhörer da« zurückzulehnen. Doch mit einem Mal leitet der Referent in die szenische und interaktive Arbeit über: »… *eine dieser Szenen, die mir bei der Vorbereitung so durch den Kopf gingen, soll Ihnen das Kennenlernen der Themenorientierten Improvisation ermöglichen* …« Nachdem wir uns von hinten schon der Bühne genähert hatten, richten sich nun die Augen des Publikums auf uns. Wieder steigt mein Adrenalinspiegel, als ich in die Mitte der Bühne trete, in die beschriebene Rolle schlüpfe. »*Die Szene zeigt einen Zimmerer-Lehrling, der die Halle fegt – eine pädagogisch höchst fragwürdige Aktivität.*« – Ich beginne, imaginäre Holzspäne zusammenzukehren. »… *Daneben spielt ein etwa sechsjähriger Knirps mit Holzabschnitten und drischt scheinbar sehr geübt und ohne nachzulassen 120er-Nägel in Kanthölzer. Manchmal schaut er zum Lehrling hinüber. Schließlich sagt er: …*« – Hier unterbricht Markus, unser TOI-Moderator – wie abgesprochen – den Referenten, um die Teilnehmer mit der TOI-Methode vertraut zu machen: »*Ja, meine Damen und Herren, was könnte dieser sechsjährige Knirps zu dem Zimmerer-Lehrling sagen? Bei unserer Themenorientierten Improvisation haben Sie die Möglichkeit, die Szenen mitzugestalten.*« Markus lässt sich vom Publikum einen Satz für den sechsjährigen Jungen geben.

STOPP! 150 Zuschauer überlegen, welchen Satz sie dem eingefrorenen Spieler geben.

Gemäß der Vorgabe improvisieren Volker, mein Mitspieler, und ich eine kurze Szene: Ich spiele den Lehrling, der zähneknirschend den Boden der Ausbildungsstätte fegt und dabei vom Sohn des Lehrlingsausbilders aufgezogen wird. Die Szene wird abgebrochen. Die Teilnehmer haben einen ersten Vorgeschmack bekommen auf das, was jetzt folgen wird.

An den zur Thematik passenden Vorgabesätzen merke ich, dass das Publikum bei der Sache ist. Meine Anspannung legt sich ein wenig. Es sieht so aus, als ob sich das Publikum auf die Methode einlässt.

Szene 1: »Aller Anfang ist schwer.« Der Start in die Lehre

Die erste kurze Phase hat die Teilnehmer sozusagen »TOI-kompetent« gemacht. Es folgt der Kurzimpuls des Referenten für die erste wirkliche Szene »Aller Anfang ist schwer …«

Nach zehn Minuten Theorie leitet er wieder zu uns über. Ich betrete die Bühne und lehne etwas ratlos an der Wand einer Werkstatt, beobachte interessiert, aber etwas scheu, was dort passiert. Schaue mich unsicher um. Parallel dazu erzählt der Referent »meine« Geschichte: »*… und so steht er nun rum: der Lehrling am ersten Tag in der Früh. Etwas linkisch, unsicher sich umschauend, fast fehl am Platze in seinem nagelneuen und blitzsauberen Monteuranzug, die Hände in den Taschen (wo soll er sie auch sonst hintun?), beäugt von den ankommenden Mitarbeitern, seinen künftigen Kollegen, angefeixt von den älteren Lehrlingen, ganz am Anfang seines Berufslebens, morgens um fünf vor acht …*«

Mein Schauspielkollege Volker tritt ebenfalls auf. Er kommt – mich beäugend – auf mich zu. Noch weiß ich nicht, welche Rolle er spielt.

Markus interveniert, um dem Publikum die Gelegenheit zu geben, ihre Alltagserfahrungen einzubringen: »*STOPP! Was sagt dieser Mitarbeiter zu unserem Lehrling?*« Kurze Pause. Ein Herr in der ersten Reihe ergreift das Wort: »*Er sagt: Bist Du der neue Lehrling?*« Der Moderator wiederholt: »*Bist Du der neue Lehrling!*« – Es geht weiter.

Blick hinter die Kulissen: die Scheu des Publikums – die Ängste vor dem Mitspielen

Der Moderator wiederholt hier die Äußerungen einzelner Teilnehmer. Damit stellt er sicher, dass alle (Zuschauer *und* Spieler) die Eingabe akustisch verstanden haben. Dies schafft die Grundlage für die Interaktion zwischen Bühne und Publikum und auch für spätere Diskussionen.

Sich in großen Gruppen zu Wort zu melden, bedeutet auch, sich zu exponieren. Dieses für viele unangenehme Gefühl wird durch die TOI abgemildert. Der Moderator verstärkt alle Teilnehmerstimmen gleichermaßen – hier sowohl akustisch wie auch im lerntheoretischen Sinne als positive Verstärkung gemeint. So wird die Angst, »was denken jetzt die anderen über mich«, reduziert. Die Teilnehmer können sich mehr auf die von der TOI intendierte *inhaltliche Steuerung des Bühnengeschehens* konzentrieren.

Durch Äußerungen aus dem »Schutz der Masse« heraus kommen oft Themen auf die Bühne, die von den Teilnehmenden sonst nicht geäußert würden.

Häufig bestimmen anfangs diffuse *Ängste vor dem Mitspielen* die Befindlichkeiten der Teilnehmer. Einige Zuschauer haben schon Improvisationstheater zur Unterhaltung erlebt – und dabei auch gesehen, dass hier Zuschauer auf die Bühne geholt werden. Die Angst, sich auf der Bühne exponieren zu müssen, kann die Folge sein. Teilnehmer, die teilweise in einem Konkurrenzverhältnis zueinander stehen, setzt dieses »Mitspielen müssen« unter Druck und produziert Stress. Indem der Moderator ankündigt, dass Intervention möglich, Mitspielen aber kein Muss ist, erhalten die Zuschauer die Möglichkeit, selbst zu entscheiden, ob sie intervenieren wollen oder nicht.

Volker steigt wieder in die Szene ein und wiederholt den Satz des Publikums ein weiteres Mal. Ich antworte unsicher, aber erleichtert: »*Ja – ich bin der Johann.*« Volker spricht weiter: »*Also, ich habe gerade keine Zeit, der Chef ist auch noch nicht da, du wartest am besten noch ein wenig hier, er sagt dir dann, was du zu machen hast. Er kommt sicher gleich!*« »*STOPP!*« – Markus hilft den Teilnehmern auf die Sprünge und fragt, »*Wo ist denn der Chef?*« »*Der Chef liegt krank zu Hause*«, sagt ein relativ junger Ausbilder aus der Mitte des Publikums und erntet dankbare Lacher dafür. Der Moderator greift die Idee sofort auf: »*Danke! Der Chef ist krank und wir sehen ihn zu Hause.*« Damit leitet er einen Szenenwechsel ein. Ich überlege, ob ich einsteigen soll: Wir sind drei Spieler, die Rolle des Lehrlings ist zentral. Spiele ich auch noch den Chef, so könnten wir später in Schwierigkeiten kommen, wenn Chef und Lehrling aufeinandertreffen. Tiziana könnte den Chef spielen, doch angesichts unserer Zielgruppe liegt Volker als Chef näher, da die Mehrzahl der Vorgesetzten und Ausbilder im Publikum Männer sind. Aber auch er hätte dann ein Problem, wenn sich Chef und Mitarbeiter begegnen sollen. – Überlegungen, die in Bruchteilen von Sekunden durch meinen Kopf schießen. Tiziana zögert einen Moment. Da steht Volker schon auf und übernimmt die Rolle des Chefs.

> ### Blick hinter die Kulissen: Vorschläge oder Provokationen?
>
> Gerade zu Beginn der TOI ist es wichtig, den Teilnehmenden zu vermitteln, dass sie ernst genommen werden. Der Moderator greift den – möglicherweise auch provokant gemeinten – Vorschlag »der Chef ist krank« nicht nur auf, sondern »überakzeptiert« ihn in gewisser Weise, indem er daraufhin eine neue Szene etabliert. Damit signalisiert er den Teilnehmern:
>
> ❖ Ihre Vorschläge sind willkommen und werden nicht zensiert.
> ❖ Die Flexibilität und die Möglichkeiten der Methode werden sichtbar.
> ❖ Die Teilnehmenden sind selbst mitverantwortlich für das, was auf der Bühne geschieht.

Etwas später bittet der Moderator mich bzw. meine Rollenfigur auf den heißen Stuhl: »*Ja, also ich bin der Johann, ich bin 16 und gerade mit der Poly fertig …*« – Gut dass wir im Briefing auch einige Rollen und Begriffe geklärt haben, denke ich mir. Wenn ich zum Beispiel hier in Österreich Haupt oder Realschule gesagt hätte, wäre die Szene weniger nahe an der Alltagsrealität der Teilnehmer gewesen.

s. S. 38

Blick hinter die Kulissen: Rollendefinition durch Briefing und Probe

Aufgrund der vorgegebenen Themenschwerpunkte hatten wir einige Rollenfiguren im Vorhinein festgelegt: zwingend der Lehrling, der Ausbilder, der Chef des Unternehmens bzw. der Leiter der Abteilung; optional die Eltern, eventuell Berufsschullehrer sowie das sonstige soziale Umfeld. Im Briefinggespräch wurden auch wichtige Rollenmerkmale als Orientierungshilfe für die TOI-Spieler abgefragt.
So etwa kann ein Profil für die Rolle des Lehrlings aussehen:

❖ *Alter und Geschlecht:* mit 15 Jahren Lehrbeginn nach der polytechnischen Schule oder mit 18 Jahren nach dem Gymnasium; 60 Prozent männlich, 40 Prozent weiblich.
❖ *Lehre:* Bewerbungsgespräch mit Unterlagen bei unterschiedlichen Ansprechpartnern; Lehrbeginn zwischen 14. und 18. Lebensjahr; Lehre dauert drei bis vier Jahre.
❖ *Typische Statusobjekte:* Handy; Markenklamotten und Einkauf bei H&M.
❖ *Einstellungen:* »Wer in die Lehre geht, ist wohl in der Schule ein Versager gewesen; Schule wäre viel besser.«
❖ *Interessen in städtischen Gebieten:* Musikveranstaltungen, Snowboardcontest, Outfit/Style, Skaten, Kickboard. *In ländlichen Gebieten:* Freiwillige Feuerwehr, Musikgruppe.
❖ *Wohnsituation:* meistens bei Eltern zu Hause, selten in einer WG. Während der Berufsschule wohnen einige in einem Heim.

Die Figur des Lehrlings beinhaltet unter Umständen Möglichkeiten der Identifikation für die teilnehmenden Ausbilder, da sie – wie das Briefing ergeben hatte – zu Beginn ihres beruflichen Werdegangs oft ebenfalls eine Lehre absolviert hatten.

… der Moderator fragt den Lehrling auf dem heißen Stuhl: »*Hast du denn das Gefühl, dass du hier willkommen bist?*« Ich antworte ausweichend auf diese direkte Frage: »*Na ja – die haben halt grad viel Arbeit hier …*« Eine Teilnehmerin steigt in die Befragung ein: »*Warum machst du denn gerade diese Ausbildung?*« – Sie spricht wohl jetzt davon, dass viele Lehrlinge sich nicht wirklich bewusst für einen Beruf entscheiden, vermute ich. Ich antworte ein wenig pointierend: »*Mei – die Firma hat einen guten Ruf — hat mein Vater gesagt.*«

Ich erzähle den Teilnehmenden aus meiner Rolle des Lehrlings heraus, welche Gefühle und Gedanken der eben gespielte Empfang in mir ausgelöst hat, mit welchen Einstellungen ich am ersten Tag in die Lehre gekommen bin etc. Auch durch meine körperlichen Reaktionen bzw. meine Körpersprache zeige ich, wie unangenehm Johann diese Situation ist.

Für mich ist der heiße Stuhl Feuerprobe und Finishing der Rolle in einem. Ich fühle mich jedes Mal wie eine Figur aus Marmor, die durch die Fragen der Zuschauer erst präzise zugeschliffen wird und dadurch ihre eigentliche Form erhält. Was ich ihnen biete, ist nur der Rohling, den sie im Verlauf der TOI nach ihren Vorstellungen formen können.

Durch die Fragen des Publikums und die Antworten des TOI-Spielers wird die Rolle interaktiv definiert.

Als die Zuschauer einiges über den Lehrling, seine Gefühle und privaten Hintergründe erfahren haben, beendet Markus den heißen Stuhl, als wären wir durch unsere jahrelange improvisatorische Zusammenarbeit wie »connected«. Markus moderiert kurz: »*Szenenwechsel. Es geht weiter in der Lehrwerkstatt …*«

Der Lehrling hat sich inzwischen alle Produktmagazine des Unternehmens durchgeschaut, die ihm der Vorarbeiter zum Zeitvertreib zu lesen gegeben hatte. »*Also die Zeitschriften hier habe ich alle durch. Was soll ich als nächstes tun?*«, fragt er den Vorarbeiter. Der blickt auf und sagt: »*Ja, dann kannst du jetzt erst mal Mittag machen.*«

s. S. 40
Veränderung von
Raum und Zeit

Blick hinter die Kulissen: Spontaneität

Was für die Teilnehmenden wie abgesprochen aussieht, ist oft Resultat spontaner Spielentscheidungen. Hier zeigt sich der Improvisationscharakter der TOI – und die notwendige Flexibilität der Spieler: Ein Spieler etabliert zum Beispiel eine Realität, indem er die Situation verbal oder mimisch definiert: »*Also die Zeitschriften hier habe ich jetzt alle durchgelesen. Was soll ich als nächstes tun?*« Ein banaler Satz mit großer Wirkung. Die Mitspielenden müssen nun spontan reagieren. Blieben sie in der alten Situation – der Lehrling am Morgen – verhaftet, würden sie den Spielimpuls ihres Mitspielers (dass jetzt bereits Stunden vergangen sind, in denen sich niemand um ihn gekümmert hat) »blocken«. Solche »Blocks« verhindern ein spontanes Zusammenspiel.

Die Teilnehmer im Zuschauerraum sind inzwischen »bei der Sache« – soll heißen, soweit mit der Methode vertraut, dass sie diese selbstverständlich nutzen und sich ganz auf den Inhalt konzentrieren können – und rufen: »*Stopp!*« Eine Ausbilderin gibt vor: »*Er soll mit ihm eine Führung durch den Betrieb machen.*« Markus wiederholt die Vorgabe und es geht los: Der Vorarbeiter Fritz macht mit Johann halbherzig einen »Rundgang«. Er hat ja eigentlich anderes zu tun, denn er ist gerade mit einem Großauftrag beschäftigt. Er fühlt sich – für das fachkundige Publikum ist das deutlich erkennbar – für den Lehrling nicht verantwortlich.

Volker und ich mimen, wie wir durch ein größeres Gebäude gehen. Ab und zu weist er auf (imaginäre) Türen und zählt kurz auf, was sich dahinter befindet. Nach einer Weile merke ich, dass der Teil von mir, der gerade ein »Lehrling« ist, verwirrt wird. Nicht die Spur einer individuellen Erklärung, die meiner Figur zur Orientierung am ersten Tag dienen könnte: beispielsweise: Toilette, Mensa (österreichischer Begriff für Kantine), eigener Arbeitsplatz, wer sind die direkten Ansprechpersonen etc. Während der Führung warte ich darauf, dass das Publikum uns wieder stoppt. Volker geht als Mitarbeiter unmöglich mit dem Lehrling um. Es ist zum Schreien. »Das Publikum scheint – fürs Erste zumindest – aufgegeben zu haben, die augenblickliche Szenerie noch ›zum Guten‹ wenden zu wollen«, denke ich. Johann wird gegen Abend vom Vorarbeiter eine Stunde früher nach Hause geschickt. – Die Szene ist zu Ende, ein schlimmer erster Ausbildungstag. Er steht exemplarisch für den Ausbildungsbeginn im Alltag vieler Lehrlinge.

»*Wir machen jetzt mal einen ordentlichen Zeitsprung. Denn nach einigen weiteren Szenen geht es weiter mit den Drehbuchworkshops.*«

Drehbuchworkshops

Mit den Eindrücken aus den TOI-Szenen gingen die Teilnehmenden in die Drehbuchworkshops.

Beispiel: Der Workshop zum Thema »Aller Anfang ist schwer« – Der Start in die Lehre

Bereits kurz nach Beginn des Workshops haben wir unter Anleitung der Fachmoderatorin auf einer Metaplan-Wand nützliche Tipps für den Empfang neuer Lehrlinge am ersten Arbeitstag gesammelt. Die Fachmoderatorin versteht ihr Handwerk. Die Teilnehmer sind in bester produktiver Diskussionslaune.

Ich nehme mit der Fachmoderatorin Blickkontakt auf und interveniere, um im Zeitplan zu bleiben. Wir haben für jeden der drei Parts 20 Minuten Zeit:

❖ Part 1: Fachinput/Brainstorming/Diskussion,
❖ Part 2: Kleingruppenbildung/Drehbuchentwicklung,
❖ Part 3: Drehbuchpräsentation/Abstimmung.

Ich schließe die Diskussion ab und leite zur eigentlichen Drehbuchentwicklung über: *»Schließen Sie sich zu insgesamt acht Gruppen von drei bis sechs Personen zusammen. Sie können sich Partner suchen, die einen ähnlichen Schwerpunkt setzen wollen wie Sie, beispielsweise gemeinsam mit dem Herrn, der sich für Arbeitsschutz interessiert. Jede Gruppe soll in den nächsten 20 Minuten folgende Aufgabe bearbeiten: Entwickeln Sie ein Drehbuch, in dem der erste Tag eines Lehrlings Ihrer Meinung nach befriedigend abläuft. Arbeiten Sie die Punkte des Brainstormings, die Ihnen wichtig sind, in Ihr Skript ein und zwar so, dass man später eine Szene spielen kann. Sie müssen nicht den ganzen Tag inszenieren. Greifen Sie einfach einen Abschnitt heraus, der für Sie wesentlich ist. Danach können Sie Ihre Drehbücher hier in der Gruppe vorstellen. Dann entscheiden wir gemeinsam, welches davon wir anschließend im Plenum auf die Bühne bringen wollen.«*

Ich spüre Erstaunen unter den Teilnehmenden: Sie selbst sollen auf die Bühne?

> ### Blick hinter die Kulissen: Die Gefahren der Bühne
>
> Die Bühne lädt zum Spielen ein. Das weckt neben Spielgelüsten mitunter auch Ängste bei den Teilnehmern. »Die Bühne ist ein gefährlicher Ort.« Ein Raum, an dem die Menschen verletzbar werden, oft ohne dass sie es erwarten und daher zu spät bemerken. Improvisieren bedeutet Sich-Zeigen und Gesehen-Werden. Ähnlich wie die eigene Stimme auf Tonband wiederzuhören (und oft: nicht wiederzuerkennen), ist der Unterschied zwischen Außen- und Innenperspektive eines Spielers auf der Bühne unterschiedlich. Teilnehmer einer TOI spüren dies intuitiv. Auch jeder Improvisationsspieler hat dieses Phänomen des Gefährdet-Seins schon einmal erlebt. Oberstes Gebot für Moderator und Spieler einer TOI ist daher, die Teilnehmenden nicht ungeschützt den »Gefahren der Bühne« auszuliefern.

Cameron 2000

»Ja! Eines der Drehbücher wollen wir heute zum Abschluss auf der Bühne inszenieren. Die TOI-Spieler werden spielen; Sie haben die Aufgabe als Regisseure die Szenen zu steuern. Der Moderator wird Sie dabei unterstützen. Wenn Sie Fragen haben, fragen Sie mich jederzeit!«

Die Teilnehmerinnen und Teilnehmer finden sich schnell zusammen, manche scheinen sich auch näher zu kennen. Einige verlassen den Raum, um ungestört zu sein. Nach einer Weile schaue ich bei den Gruppen vorbei. Einige stellen mir gleich vor, was sie bereits erarbeitet haben und »ob das denn so möglich wäre«. Andere scheinen eher noch mit Grundsätzlichem beschäftigt. Die lasse ich in Ruhe weiterarbeiten.

Einige Minuten später bei meiner zweiten Runde durch die Drehbuchgruppen bemerke ich an ihren Skripts, dass es zum Teil doch Kompetenzunterschiede zwischen den Teilnehmern gibt. Kein Wunder: Schließlich reicht das Spektrum vom Meister, der einen Betrieb mit drei Angestellten und Lehrling führt bis zum Ausbildungsleiter eines Großbetriebes. Hier lernen die Teilnehmenden voneinander, stelle ich fest.

Während ich so von Gruppe zu Gruppe gehe, frage ich mich, was wohl eine klassisch ausgebildete Schauspielerin denken würde, wenn sie erfahren würde, dass man als TOI-Spielerin nicht nur auf der Bühne steht, sondern auch die Teilnehmer bei ihrem Arbeitsprozess begleitet?

Bei der anschließenden Präsentation der Drehbuchideen reicht das Spektrum vom perfekten ersten Tag des Lehrlings, mit Begrüßung durch den Chef, der Vorstellung des Arbeitsplatzes und Überreichung von Ausbildungsplänen, über ein differenziertes Beispiel missverständlicher Kommunikation bis hin zu Detailausschnitten aus dem ersten Tag. Wir finden für jedes Drehbuch einen Titel, den wir an die Metaplan-Wand schreiben.

Schließlich erhalten drei Drehbücher eine fast gleich hohe Stimmenanzahl. Da es sich zum einen um einen idealen Ablauf handelt, zum anderen um zwei Detailsettings von Begrüßungs- und Abschlussszenen, kommt mir die Idee, die drei Drehbücher zu einem zu verschmelzen. Ich mache der Gruppe den Vorschlag: Angenommen!

Theaterlabor

Die in den drei Themengruppen ausgewählten Drehbücher werden nun im großen Plenum auf der Bühne »getestet«. Die Autoren der ausgewählten Drehbücher übernehmen gemeinsam Regie.

Drehbuch 1: Der »Bilderbuch-Start«

Ich sitze auf einem Stuhl am Rand der Bühne. Der Moderator beginnt. Die Spannung im Saal, die sich gerade noch in lauten und angeregten Gesprächen im Auditorium geäußert hatte, verändert sich. Gerade noch haben die Teilnehmenden letzte Absprachen für ihre Präsentationen getroffen. Nun schweigen sie neugierig und interessiert und konzentrieren sich auf das Bühnengeschehen.

Meine Teilgruppen aus dem Workshop 1 beginnen mit der Vorstellung ihrer Drehbücher. Ich merke, wie auch Volker und Tiziana sich konzentrieren. In diesem Moment erfahren sie »live« den Inhalt der Drehbücher aus meiner Themengruppe, die sie mit mir zusammen gleich darauf aus dem Stegreif auf der Bühne umsetzen werden.

Die verbale Präsentation der Teilnehmer ist zu Ende. Jetzt kommt unser Part. Ich gehe in die Rolle des unsicheren Lehrlings. Ein ungestüm-höflicher Chef begrüßt mich. Der Unternehmer reißt zur Begrüßung an meiner Hand und schüttelt sie manisch, lässt sie gar nicht mehr los. Mehrmals unterbricht die Regiecrew nun die Szene und bringt ihre Modifikationen und Richtigstellungen ein. Die Teilnehmer reagieren jetzt hochsensibel auf alles, was wir spielen. Der TOI-Prozess läuft auf Hochtouren. Ich merke in der Figur des Lehrlings, dass der »perfekte erste Tag« nahe am Informationsoverkill für den Lehrling vorbeischrammt. Diesen Gedanken greife ich nochmals auf, als der Meister mir am Ende des Tages weitere Informationsunterlagen mit nach Hause gibt. Ich mime einen ordnerdicken Stoss Papier, der mir fast aus den Händen zu gleiten droht, als er mir überreicht wird.

»Der erste Ausbildungstag sollte unserer Meinung nach so ablaufen, dass …« – Die Teilnehmer stellen im Plenum ihr Drehbuch vor.

s. S. 40
Replay

Das Publikum lacht begeistert. Ich bin schon unterwegs zur (imaginären) Stempeluhr, doch die Regisseure wissen inzwischen, was zu tun ist: *»STOPP! Der Lehrling bekommt ein Merkblatt mit, auf dem nur die wichtigsten Details für die nächsten Tage stehen.«* Der Moderator: *»Wir drehen die Szene an den Punkt zurück, an dem Johann die Unterlagen in die Hand bekommen hat.«*

Ich löse mich aus dem Freeze, gehe auf die Position zurück, an der ich die Unterlagen vom Ausbilder erhalten habe und friere wieder ein. *»Weiter!«* Jetzt spiele ich überdeutlich, wie ich nur ein Blatt erhalte und es fasziniert überfliege. Kurz bevor ich von der Bühne abtrete, fällt mir noch eine Pointe ein: *»Hey! Da steht ja tatsächlich, wann ich morgen früh anfangen muss. – Das hatte ich in der ganzen Hektik fast vergessen.«* Das Publikum lacht ein letztes Mal, dann Applaus – für uns Spieler *und* für die Autoren des Lösungsdrehbuchs.

»Was für ein Psychostress für die Spieler! Wir steigen einige Zeit später wieder ein. Mitten in das Thema: ›Gehen wir eine rauchen, Boss …‹ – Autoritäts- oder Vertrauensrolle der Ausbilder. Zwischenzeitlich hat die ›Aufführung‹ des zweiten Drehbuches stattgefunden zum Thema ›Piercing, Tatoos und …‹ – Schräges Outfit, flapsige Umgangsformen. Zeitsprung also! … aber mit Zeitsprüngen kennen Sie sich ja mittlerweile aus.«

> ### Blick hinter die Kulissen: Umsetzung selbst verfasster Drehbücher
>
> Die Identifikation des Publikums mit den Figuren und dem Geschehen auf der Bühne steigert sich hier zusehends. Erreicht wird dies durch:
>
> ❖ die Projektionen der Teilnehmer auf die Spieler werden dichter,
> ❖ die Vertrautheit der Spieler mit den Rollenfiguren nimmt zu – dadurch werden sie für die Teilnehmer noch realistischer,
> ❖ die soziale Energie, die in der Drehbuchphase investiert wurde, ermöglicht Spielfluss und Geschwindigkeit auf der Bühne.

Drehbuch 2: »Der blaue Montag«

Der Hintergrund zum blauen Montag in Kürze: Im ersten Lehrjahr arbeitete der Lehrling sehr gut und erzielte hervorragende bis überdurchschnittliche Leistungen. Im zweiten Jahr macht der Lehrling immer wieder Fehler und seine Arbeitsergebnisse lassen zunehmend zu wünschen übrig. Vor kurzem hat der Lehrling aus Unvorsichtigkeit einen Schaden im Betrieb von mehreren Tausend Euro produziert. Die guten Leistungen im ersten Lehrjahr haben aber ein »Grundvertrauen« in den Lehrling beim Ausbilder geschaffen, das diesem nun zugute kommt. Der Ausbilder bemüht sich weiterhin um ihn.

Zur plastischeren Vorstellung setzen wir die in der Drehbuchidee enthaltene Vorgeschichte im Zeitraffer in drei Miniszenen um. Dann kommen wir zum eigentlichen Höhepunkt der Szene: An einem Montag, als der Meister Besorgungen machen will, begegnet er dem Lehrling zufällig in einem Kaufhaus. Der Lehrling hatte sich für diesen Tag krank gemeldet. Jetzt hüpft er munter zwischen den Kaufhausregalen umher.

Der Ausbilder stellt ihn zur Rede: »*Was machst du hier? – Ich dachte du wärst krank? Ich denke es ist Zeit, dass wir einmal miteinander ein Wörtchen reden.*« »*STOPP!*« ruft einer der Drehbuchautoren: »*Wir würden gerne übernehmen!*« Bereits in der vorhergehenden Szene war eine kurze Sequenz unter Beteiligung einer der Teilnehmenden gespielt worden. Jetzt sind die Teilnehmer nicht mehr zu halten. Ich bin begeistert. Sie gehen auf die Bühne und beginnen ihr Spiel: »*Du, jetzt komm mit, wir setzen uns erst einmal ins Café*«. Im Café versucht der Chef, den Lehrling wieder auf den »rechten Weg« zu bringen. Ich registriere, wie der Spieler stockt, als er den Lehrling mit Namen ansprechen will. Da dämmert es mir: Das Drehbuch scheint eine so, oder ähnlich in der Realität abgelaufene Geschichte zu sein. Ich bemerke eine mögliche

Gefährdung des spielenden Teilnehmers. Im Publikum herrscht eine ange-spannte Stille. Einige scheinen die Brisanz der Situation ebenfalls zu bemer-ken. Der Teilnehmer, der den Chef spielt, scheint eine Lösung für die Situa-tion im Kopf zu haben, die er vorspielen will. Das Publikum und die TOI-Spieler spüren aber, dass er es sich damit zu leicht macht und offenbar noch nicht herausgefunden hat, was das eigentliche Problem des Lehrlings ist. Da-zu müsste er zunächst das Vertrauen des Lehrlings gewinnen. Dies wäre die Grundlage für eine Bearbeitung des Problems.

Ich schaue ins Publikum. Keiner der Teilnehmer wagt es jetzt, die mutigen Berufskollegen auf der Bühne zu stoppen und eine Eingabe zu machen. Daher entscheide ich mich zu intervenieren. Ohne auf den Moderator zu warten, unterbreche ich die Szene, gehe auf die Bühne, trete hinter den Teilnehmer/ Ausbilder und beginne ihn zu *doppeln*: Ich spreche mögliche Gedanken aus. *»Ich glaube, ich sollte den Lehrling einmal fragen, ob er überhaupt jemanden hat, mit dem er über seine Schwierigkeiten reden kann. Anscheinend will er sie mir ja momentan noch nicht schildern.«* Ich nehme Blickkontakt mit dem Mo-derator auf und setze mich wieder an den Rand der Bühne. Er nimmt meinen Impuls wahr, nickt mir verstehend zu und setzt an, dem Publikum und dem verdutzten Teilnehmer kurz die Absicht meines Verhaltens zu erläutern: *»Dies waren mögliche Gedanken, die der Ausbilder haben könnte. Gleichzeitig sind diese Äußerungen Unterstützungsangebote an den Spieler in der Rollenfigur, die er annehmen, aber auch verwerfen kann.«*

s. S. 35
Doppeln

Tiziana, meine Mitspielerin, doppelt erneut: *»Ich könnte dem Lehrling mei-ne Hilfe bei der Lösung seiner Probleme zusichern, jedoch auch ganz klar Konse-quenzen aufzeigen, die sein Verhalten hervorrufen wird, wenn er sich nicht ver-ändert. Da gibt es doch auch noch diese Beratungsstellen ...«* Tiziana geht wie-der von der Bühne ab. Der Teilnehmer in der Meisterrolle fährt fort zum Lehrling zu sprechen: *»Es ist völlig o.k., wenn du mir nicht erzählen willst, was los ist. Ich denke aber, es ist an der Zeit, dass du dich an eine Stelle wendest, von der du dir auch helfen lässt und die das auch leisten kann ...«* – »Er nimmt den Impuls an, das hätte auch anders ausgehen können«, denke ich erleichtert.

Die spielenden Teilnehmer bringen die Szene nach kurzer Zeit selbststän-dig zu Ende: Johann bekommt noch eine letzte Chance, verknüpft wird dies mit einer Auflage zu einer Beratungsstelle zu gehen. Sie bekommen von den Zuschauenden viel Applaus. Mit großem Mut haben sie sich auf die Bühne begeben und durch ihr realistisches Beispiel eine ergreifende Szene gespielt.

Das eigentliche Thema, Autoritäts- und Vertrauensrolle der Ausbilder, wurde an einem wesentlichen Punkt jedoch beinahe verfehlt. Hier war die Gefährdung des Teilnehmers deutlich spürbar: Er hatte die Bühnensituation augenscheinlich unterschätzt. An diesem Punkt übernahmen wir auf der Bühne durch den Einsatz der Doppeltechnik eine Trainerrolle gegenüber dem spielenden Teilnehmer und auch dem Publikum. Damit steuerten wir die Szene gezielt in eine von uns als pädagogisch sinnvoll eingeschätzte Richtung.

Ich war am Ende ziemlich erleichtert: Durch unsere Intervention wurde der Teilnehmer vor einem möglichen Scheitern bewahrt, und er konnte die Szene selbstständig mit den anderen zu Ende führen.

Blick hinter die Kulissen: Verantwortung für Prozess und Teilnehmer

TOI-Spieler und -Moderatoren müssen sich über ihre Verantwortung im TOI-Prozess bewusst sein: Einerseits müssen Spieler und Moderatoren das Thema im Auge behalten, andererseits sollen sie auch versteckte Subthemen wittern und auf die Bühne bringen. Immer jedoch müssen sie den Teilnehmenden auch Sicherheit und gegebenenfalls Schutz vor den »Gefahren« der exponierenden Bühnensituation bieten.

»Das ist schon ein AbenTOIer – diese TOI! Aber wie jede gute Geschichte braucht auch eine TOI einen Schluss. Schauen Sie mal, wie der Tag sich zu Ende neigt …«

Lorbeeren zum Abschluss

Zum Ausklang war ein Abschlussfeedback der Teilnehmer an die Organisatoren und uns vorgesehen. Auf Papierbögen sollten sie zu zwei Fragen *je in einen Satz* formulieren:

❖ Welcher Satz fällt Ihnen spontan ein, wenn Sie an den Verlauf des heutigen Nachmittags denken?
❖ Welche konkrete Aktivität wollen Sie nun an Ihrem Arbeitsplatz starten?

Der zweite Satz verknüpft den Berufsalltag der Teilnehmenden mit dem Hier-und-Jetzt ihrer Tagungserlebnisse. Dies sollte mit nach Hause genommen werden. Die Antworten auf die erste Frage wurden eingesammelt. In einer unterhaltsamen Feedback-Szene wollten wir den Teilnehmern zum Finale hin ihren Eindruck von der Veranstaltung unmittelbar zurückspiegeln. Die Methode der Wahl war das *Zettelspiel*.

Blick hinter die Kulisse: Schluss-Gefühle und Alltagstransfer

Von den beiden am Ende an die Teilnehmer gestellten Fragen verweist *Frage Eins* ins Hier-und-Jetzt der Teilnehmerbefindlichkeiten. Am Ende des TOI-Prozesses steht diese Frage wie ein lautes Stopp! Die TOI ist fast vorbei. Gleich werden sie den Saal verlassen. Was ist jetzt noch da (an Ideen, Gedanken, Enttäuschungen oder hilfreichen Eindrücken), was wird bleiben? Die TOI bietet mittels dieser Fragen die Möglichkeit, die *Schlussdynamik* an dieser Stelle der Veranstaltung zu visualisieren und diese gefühlsmäßig ambivalente Situation zwischen drinnen und draußen – zwischen »schön war's« und »gut, dass es vorbei ist« – für die Teilnehmer zu entlasten. Es kann gesagt (geschrieben!) werden, was auch immer noch zu sagen ist, aber es darf dann darüber geschmunzelt oder auch gelacht werden. Das unterstützt und entlastet gleichzeitig die sozialen und subjektiven Dynamiken, die hier situativ bedingt anstehen: *Trennung* und *Trauer*.

Die zweite Frage verengt den mit der TOI weit aufgerissenen Möglichkeitshorizont wieder auf eine einzige pragmatische Option, bündelt die Vielzahl aufgeführter Potenzialitäten auf eine »konkrete Aktivität«. Sie sichert damit die Anbindung des bei der Veranstaltung Erfahrenen an die eigene professionelle Praxis. Der mitgenommene Zettel mit der formulierten Aktivität stellt die Brücke von der TOI-Bühne zur beruflichen Alltagshandlung dar. Dies unterstützt das, was inhaltlich am Schluss ansteht: den *Transfer*.

Geißler 2000;
Besser 2001

Wir sammeln die Bögen ein. Den Anfang vom Ende macht der Moderator: »*Die Spieler verteilen die Zettel nun über der Bühne. In der Szene spielen wir Sie, die Teilnehmenden, wie Sie sich in vier Wochen wieder beim Stammtisch treffen und sich über den Kongress unterhalten. Die Spieler werden im Verlauf des Gesprächs immer wieder Zettel auflesen und Ihre Feedback-Sätze in die Szene einbauen.*«

Die Szene beginnt, wir spielen, wie wir »am Stammtisch« sitzen. Ich frage Volker: »*Na, wie läuft es bei dir in Völs, Bernhard?*« Er greift nach dem ersten der Zettel und liest vor: »*Wirklich eine ganz hervorragend gelungene Veranstaltung …*« Er ergänzt improvisierend »*… haben wir vor einer Woche durchgeführt, eine Einführung für neue Lehrlinge*«, das Publikum schmunzelt, Tiziana fährt fort: »*Dann habt ihr ja gleich was umgesetzt! Also bei uns muss ich ja sagen …*« und greift nach einem Zettel: »*Meine Bedenken waren völlig unbegründet …*« und auch sie kombiniert blitzschnell: »*Mein Chef war wesentlich aufgeschlossener gegenüber den Ideen, die mir auf dem Kongress eingefallen sind, als ich mir vorgestellt hatte…*«

So geht das noch eine ganze Weile, bis ich nach einem Zettel greife, auf dem steht: »*Ich finde, Sie haben das ganz toll gemacht!*«, »*wie Ihr neulich auf dem Kongress Regie geführt habt«*, ergänze ich zu Tiziana und Volker gewandt und denke, dass ich wohl gerade ziemlich rot werde – hoffentlich hält die Schminke – denn die meisten Bögen sind ähnlich wie dieser. Das ist nicht ganz das Feedback, das ich mir aufgrund der Fragestellung erwartet habe. Ich überlege, wie wir diese Szene glücklich zu Ende bringen. Ich habe eine Idee!

Ich springe auf und spreche weiter: *»Ja – ich finde, du hast das ganz toll gemacht, Bernhard, und du auch«* zu Tiziana gewandt, die sofort versteht und auch auf mich deutet und Volker deutet auf sie: *»Ja ich finde, das hast du auch gut gemacht …«* und einige Sekundenbruchteile später ist der richtige Zeitpunkt gekommen: Volker, Tiziana und ich drehen uns zum Publikum um. Ich picke mir eine Frau in der dritten Reihe heraus: *»Und Sie haben das auch toll gemacht!«*, und zeige auf einen Herrn weiter hinten: *»Und Sie waren ebenfalls hervorragend …«* Wir zeigen immer schneller auf Leute im Publikum und es entsteht eine sich überlagernde Collage aus Dankesworten an die Teilnehmenden. Der Applaus beginnt. Wir koordinieren uns und enden gemeinsam: *»Wir finden, Sie alle haben das heute toll gemacht!«*

Rückblende

Zielgruppe:	Ausbilder, Personalentwickler.
Interventionsfokus:	Bewusstmachung der Beziehungsdimension zwischen Vorgesetzten und Angestellten, hier: in der Ausbildungssituation.
Besonderheiten:	Kurze Impulsvorträge vor Beginn der eigentlichen TOI-Szenen führten in die Thematik ein. Für die Übergänge zur Szene beschrieb der Referent das Anfangsszenario, während die Spielenden auf der Bühne bereits dazu agierten. Einstieg und Richtung der Szene waren damit klar festgelegt, der weitere Verlauf blieb aber offen. Zusätzlich wurde der Transfer in den Alltag mit einer Zielsetzung praktisch konkretisiert.
Einsatzmöglichkeiten:	Kongresse, Tagungen etc. Verwandlung schweigender Zuschauer in aktive Teilnehmer.

Almhütte oder Raumschiff?

TOI als Instrument zur Entscheidungsfindung

»Hi, Lese-Publikum! Wenn Sie bis hierher linear gelesen haben, dann konnten Sie schon einige Aspekte der TOI entdecken. Aber wie in einer ›richtigen‹ TOI auch, hat dieses Buch wieder neue Überraschungen zu bieten: Almhütte oder Raumschiff – so heißt die Alternative, die sich im Entscheidungsprozess einer Unternehmensberatung stellte. Wenn Sie dieser Prozess – und die Funktion der TOI dabei – interessiert, dann folgen Sie mir in ein Szenario zwischen gefestigter Tradition und utopischer Zukunftsperspektive: auf die Alm oder ab ins All!«

Mit einem letzten Blick zurück auf das alte gemütliche Haus, stapfte Klaus davon. Sein Platz war nicht mehr hier. Ihm war es zu eng geworden. Seine Schritte führten ihn über die seit Jahren vertrauten Bergwiesen. Hier kannte er jeden Pfad. Wenig später sah er das Raumschiff in der Sonne glänzen. Die alufarbene Haut spiegelte die vertraute Umgebung und ließ sie durch die Wölbungen des Rumpfes ungewohnt erscheinen. Klaus näherte sich dem Raumschiff. Als er es erreichte, streichelte seine Hand sanft das Gefährt. »Du bringst mich in die Zukunft.«, dachte er laut. – Die Zuschauer begleiteten ihn mit gespannten Mienen. Würde er einsteigen, würde er die vertraute Gegenwart hinter sich lassen und in eine abenteuerliche und unbestimmte Zukunft davonfliegen? Alleine? Oder würde ihm noch jemand aus der Hütte folgen?

Shortcut

Titel/Thema der TOI:	»Unsere Zukunft: Wandlungschancen und -risiken«.
Rahmen:	Der zweite Abend einer insgesamt dreitägigen Klausurtagung der Unternehmensberatung.
Ziel:	Beitrag zur Klärung individueller Visionen und möglicher Zukünfte des Unternehmens.
Dauer:	2 ½ Stunden.
Teilnehmerzahl:	20 Personen.
Schwerpunkt:	Visualisierung der verschiedenen Interessen der Teilnehmer.
Realitätsbezug:	indirekt – szenisches Spiel auf metaphorischer Ebene.

Wie es dazu kam …

Eine Unternehmensberatung plant die Zukunft. Die Konzepte der Vergangenheit haben sich bewährt, so gut bewährt sogar, dass der traditionelle Konzeptionsrahmen für Beratung und Training zu eng zu werden beginnt. Daraus resultieren Überlegungen, entweder den Status quo zu sichern oder die Herausforderungen des Wachstums anzunehmen und mitzuwachsen. Strategische Innovation stehen an. Vom Neubau eines Schulungshauses bis zur Veränderung der traditionellen Netzwerkstruktur der Berater – alles wird in Frage gestellt.

Hinzu kommt, dass sowohl diese Entwicklung als auch die Besitzstandswahrung eng mit einzelnen Personen verknüpft sind. Unausgesprochen gibt es Veränderer und Bewahrer. Die Motive der beiden Gruppen sind jedoch nicht oder nur unvollständig bekannt. Einig sind sich alle Beteiligten nur darüber, dass ein betriebswirtschaftlich tragfähiges Konzept auf den Weg gebracht werden muss. Konkrete, zum Teil gegensätzliche Vorschläge liegen als mögliche Entscheidungsgrundlagen vor und haben ihre jeweiligen Anhänger.

Da in den bisherigen Diskussionen die Auseinandersetzung hauptsächlich auf der Sachebene geführt wurde, die Berater sich aber darüber klar sind, dass eine gute Entscheidung nur getroffen werden kann, wenn auch die emotionale Ebene berücksichtigt wird, beschließen sie, eine TOI durchzuführen.

Im Rahmen einer Strategietagung des Berater-Teams werden die verschiedenen Zukunftsmodelle mit den Zukunftsvorstellungen und -szenarien der betroffenen Einzelpersonen in Verbindung gebracht und durch verschiedene TOI-Sequenzen mit Bildern und Metaphern verdeutlicht. Durch diese Visualisierung der Innenwelten wird der Austausch der Berater untereinander und vor allem die Entscheidungsfindung gefördert.

Um auch Betroffenheit der Beteiligten zu erreichen, wird die TOI-Methodik an die aktuelle Situation angepasst. Die Spieler und der Moderator begleiten eine Diskussionsrunde der Berater über ihre persönliche Einstellung zu den diversen Zukunftsmodellen und unterbrechen stellenweise den Austausch, um ihre Eindrücke auf der Bühne zu visualisieren. Dabei werden die Teilnehmenden mit Bildern und Metaphern ausgestattet, die sich spontan aus den Diskussionsinhalten ergeben. So entsteht beispielsweise das Raumschiff.

Die Nachbearbeitung der szenischen Anstöße und die Entscheidung für ein endgültiges Zukunftsmodell erfolgt dann ohne die Spieler im Kreis der Berater.

Ein spannender Aspekt, der die Wirksamkeit der TOI in einem solchen Setting beeinflusst, ist die Tatsache, dass das Unternehmen selbst aktiv wird und aus eigenem Antrieb die TOI anfordert. Dadurch und durch die von den Beteiligten selbst geleistete Nachbereitung der TOI-Intervention, werden TOI-gestützte Entscheidungen möglich.

Diskussion der Berater – Ausschnitte

»*Wisst Ihr, für mich war es stets ein Nachhausekommen, wenn ich hierher kam. Diese gemütliche Atmosphäre, unser Seminarhaus.*« … das reale Haus liegt an einem schönen bayrischen See im Voralpenland. Eher eine größere Villa als ein einfaches Haus, liegt es am Uferhang versteckt hinter alten Bäumen auf einem kleinen bewaldeten Grundstück. Zwischen Zweigen hindurch blickt man von den Fenstern auf ein malerisches Bergpanorama … »*Darauf bin ich schon stolz. Ich kann mich auch an viele Workshops erinnern, die hier am Kamin endeten und von den Kunden und Kundinnen gerade aufgrund der intimen Atmosphäre als besonders positiv aufgenommen wurden.*«

»Stimmt, so habe ich es auch empfunden. Empfinde ich es noch. Für mich ist es auch etwas ganz Besonderes, wenn ich von Berlin wieder hier runter komme und Euch alle treffe. Der Austausch mit Euch hat mich stets sehr viel weiter gebracht.«

»*Ja – ich bekomme auch Impulse von Euch, aber ich denke auch, es ist wichtig, dass unsere Gedanken über unseren jetzigen Status quo hinausführen. Ich habe das Gefühl, die Zeit ist reif für Veränderungen. Ich bedaure, dass nicht alle so denken wie ich.*«

»Damit meinst du wohl mich, Stephan? Ich habe dir schon öfter gesagt, dass ich den Wandel ebenfalls befürworte, aber eben in dem uns gemäßen Tempo! Deine Geschwindigkeit ist nicht der Sache angemessen. Du vernachlässigst völlig, was wir im vergangenen Jahrzehnt geschafft haben. Bedenke. Erst dieser Schatz ermöglicht uns jetzt überhaupt derartige Veränderungen anpacken zu können.«

»Für mich wird sich auch etwas verändern. Ich werde in einigen Monaten ausscheiden. Mit einem weinenden und einem lachenden Auge sitze ich daher heute hier. Weil ich zum einen sehen darf, wie das, was ich an unserem Unternehmen schätze, weiter wächst, zum anderen, weil ich mich in dem neuen Tätigkeitsbereich, der sich für mich ergeben hat, auch sehr wohl fühle.«

Intervention

»Stopp!« der Moderator unterbricht die Diskussion der Berater, um das Zu-kunfts- bzw. Strategietheater zu eröffnen, den Teilnehmern den Blick nach vorne und nach innen zu ermöglichen.

»Ich greife gerade mal auf, was ich gehört habe. Drei Dinge: Nachhause-kommen, Atmosphäre, Begegnung.« *Die Gruppe nickt.* »Gut, dann sehen wir jetzt eine kurze Szene dazu.«

> ### Blick hinter die Kulissen: Verantwortung für Prozess und Teilnehmer
>
> Für einen TOI-Moderator ist es wichtig, Stimmungen des Publikums wahrzuneh-men, ohne diese zu werten. Deshalb lässt er sich seine Wahrnehmungen bestäti-gen, bevor es zur Umsetzung auf der Bühne kommt.
> Außerdem muss der TOI-Moderator seine Aufmerksamkeit immer auf die gesamte Gruppe richten. Er sollte in der Lage sein, auch Gespräche wahrzunehmen, die zwischen Teilnehmer geführt werden, die derzeit nicht im Mittelpunkt der Diskus-sion stehen.
> Schließlich sollte er auch körpersprachliche Impulse, wie beispielsweise Zustim-mungs- oder Ablehnungssignale wahrnehmen, verbalisieren und dadurch die Auseinandersetzung sowohl auf, als auch neben der Bühne mit diesen »Äußerun-gen« fördern.

Auf der Bühne entsteht in wenigen Augenblicken eine gemütliche Almhütte. Die Bewohnerin sitzt am Feuer und wärmt sich. Sie wirkt entspannt. Als die Tür aufgeht und Klaus in den Raum tritt, weht kurz ein eisiger Hauch Berg-luft herein, der sich jedoch nicht gegen die Wärme des Feuers durchsetzen kann. Die Begrüßung ist herzlich. Es wird sich umarmt und geküsst. Dann sitzen sie vor dem Feuer, beide mit einem entspannten selbstzufriedenen Aus-druck im Gesicht. Stille, Zufriedenheit, Stillstand?

Mit einem Klatschen lässt der Moderator die Szene einfrieren. Er wendet sich wieder an das Publikum: *»Möchten Sie die Akteure etwas fragen?«* Unsi-cher sehen sich die Zuschauer an. Dann die erste Frage von der Teilnehmerin aus Berlin: *»Ich möchte den Mann etwas fragen.«* Der Spieler löst sich aus sei-ner Erstarrung und nimmt auf dem heißen Stuhl Platz.

»War es nicht schön für Sie, heimzukommen und so freundlich empfangen zu werden?« *»Ja, es war schön. Ich habe mich auch richtig darauf gefreut, wieder nach Hause zu kommen. Ich wusste schließlich, was mich hier erwarten würde. Ja, es war schön.«* *»Gefällt es Ihnen in der Hütte?«* kommt die nächste Frage,

s. S. 38 Rolleninterview: Der heiße Stuhl

nachdem erst einmal der Bann gebrochen ist. »*Es ist warm und draußen war es ganz schön kalt.*«

Beobachtungen

Die Teilnehmenden beginnen, ihre Emotionen aus der Sitzung auf die Spieler zu übertragen. Zufriedenheit bei den einen, als das schöne Bild der gemütlichen Berghütte auf die Bühne kommt; Unruhe bei den anderen. Die Fragen, die den Spielenden gestellt werden, liefern diesen bereits die notwendigen Informationen, um im Sinne der Teilnehmer zu reagieren:

❖ »*Wird es Ihnen nie langweilig auf dieser Hütte?*«
❖ »*Wie lange halten Sie es dort eigentlich aus?*«
❖ »*Sind Sie immer auf der Hütte oder kennen Sie die Welt draußen auch?*«
❖ »*Wollten Sie nie weg und einmal etwas ganz Neues anfangen?*«
❖ »*Geht es Ihnen eigentlich nicht auf die Nerven, wenn er so heimkommt und selbstverständlich Ihre Begrüßung und den Tee erwartet?*«

»Dieser Zwiespalt ist meiner Meinung nach typisch für uns!« – Die Teilnehmenden transferieren die Bühnensituation auf ihren Alltag.

In allen Fragen spiegelte sich die aktuelle Situation der Beratergruppe wider. In den folgenden Szenen wurden interne Konflikte auf die Spieler projiziert und von diesen in Szenen umgesetzt. Ängste vor Veränderung und Träume von Zukunft lagen in den Fragen und somit bereit für das Spiel auf der Bühne. Auch die Diskussion in den Spielpausen wurde direkter.

»Sieh mal, bei uns ist es wie auf dieser Hütte. Wir kommen einfach hierher, weil wir uns daran gewöhnt haben. Wenn wir uns an einen anderen Platz gewöhnt hätten, würden wir an diesem Platz festhalten.« – *»Warum kommst du dann immer noch hierher? Warum bist du noch nicht deine eigenen Wege gegangen, wenn dir hier alles zu eng und zu muffig ist?«* – *»Diese Hütte war mir wichtig, ich habe sie mit aufgebaut. Ich bin mir heute auch sicher, dass es damals die richtige Entscheidung war, dieses Seminarhaus zu realisieren. Ich merke aber auch, dass ich kein Konzept für die Zukunft habe, das uns tragen würde. Deswegen habe ich mich, wie ihr alle wisst, auch bewusst aus dem operativen Geschäft ausgeklinkt. Ich stehe Euch aber noch als Berater mit meinen Erfahrungen zur Verfügung.«* – *»Lasst uns nicht drum herum reden. Das Bild mit der Hütte ist genial. Wollen wir nur die alte Hütte modernisieren und all die Ecken, an denen es zieht, abdichten, vielleicht auch noch einen kleinen Schuppen anbauen, oder wollen wir die Ruine abbrechen und was ganz Neues schaffen?«*

Die Heftigkeit im Wortwechsel nahm zu. Endlich wurden die Dinge ausgesprochen, die zuvor unter der Oberfläche verborgen waren und den Entscheidungen im Weg standen. Um die Kommunikation weiter zu vertiefen, entscheidet der Moderator nun wieder, den Fokus durch das Spiel neu zu setzen. Mit *»Stopp!«* unterbricht er die Diskussion und leitet über zur nächsten Szene. *»Schauen wir uns doch einmal an, was außerhalb der Hütte ist.«*

Fokuswechsel

Klaus verlässt die Hütte, denn die beiden brauchen neues Brennholz für den Ofen. Draußen stapft er durch den hohen Schnee. Er entfernt sich immer weiter vom Haus. Da entdeckt er etwas. *»Stopp!«* Der Moderator unterbricht erneut. *»Was sieht Klaus da gerade.«* Ein Teilnehmer antwortet: *»Er entdeckt ein Raumschiff!«* Und es geht weiter: Klaus nähert sich der Tür des Raumschiffes. Ein kurzes Zögern, dann steigt er ein und nimmt im Pilotensessel Platz. Irritation. *»Wie fliegt sich dieses Ding?«*

An dieser Stelle lassen ihn die Zuschauer nun nicht mehr zurück. Er soll fliegen – jetzt. Genau das ist ihre Situation: Zögern, Unsicherheit. Nun wollen sie sehen, wie einer den Abflug meistert. Sie rufen ihm zu, wie die Maschine gestartet werden müsse. Und Klaus startet. Mit Volldampf geht es hinaus in ein neues Universum. Nur noch ein kurzer Blick zurück auf den blauen Planeten und die alte Heimat. Dann kommt das All, mit seiner unendlichen Weite, den unerforschten Sternen, den Perspektiven. Lichtgeschwindigkeit trägt jetzt Klaus voran. Dann die ersten Turbulenzen. Es schüttelt ihn heftig durch, kaum kann er noch das Steuer auf Kurs halten. Die Halsschlagader tritt deutlich sichtbar hervor, als er mit dem Unbekannten kämpft. Doch dann ist es geschafft. Hinter sich die Turbulenzen, vor sich die Einsamkeit. Alleine fliegt er nun mit hoher Geschwindigkeit – doch konstant und stabilisiert durch die Dunkelheit. Der Blick zurück auf das, was einmal ihm und den anderen gehörte. Klaus fängt an, mit sich selber zu sprechen.

Im Zuschauerraum wird es angespannt still. Die Neugierde auf sein Abenteuer, die Hoffnung, in den eigenen Entscheidungen positiv bestätigt zu werden, weicht der Anteilnahme an seiner Situation. Aufbruch kann einsam machen. Aufbruch bedeutet Kampf und Unsicherheit. Der Aufbruch von Klaus bedeutet eine Bedrohung, die eigenen Wurzeln zu verlieren.

Nachdenklichkeit

War zuvor noch eine rational gefärbte kämpferische Haltung bei den Teilnehmenden vertreten, so hebt das Spiel auf der Bühne die Diskussion nun auf eine neue qualitative Ebene. Die Beratergruppen beginnen, sich nun mehr mit den menschlichen emotionalen Aspekten der Veränderung auseinander zu setzen. Verständnis für die Skepsis der Bewahrer und für die Neugier der Visionäre beherrscht jetzt die Situation.

Das Theater rückt in den Hintergrund. Über die gemeinsamen Bilder auf der Bühne gelingt nun Verständigung. Vorher Unvereinbares – Gemütlichkeit und vertraute Atmosphäre versus Neubau und Erweiterung – nähern sich einander an. Die Aufgabe der Spielenden scheint zunächst getan. Bis sich plötzlich einer der Berater aus der Diskussion ausklinkt und sich direkt an Klaus wendet: »*Ist Klaus am Ende eigentlich zurückgekehrt?*«

Diese Frage zielt ganz offensichtlich auf den Erfolg der Mission (Vision) ab und beinhaltet die Umkehrbarkeit der Entscheidungen. Entsprechend reagieren die anderen Berater heftig: »*Natürlich nicht. Sonst war ja alles um-*

sonst.« *»Der ist doch völlig losgelöst, die Vergangenheit interessiert den doch gar nicht.«* Bevor die Diskussion ausuferte, unterbrach der Moderator erneut: *»Stopp! Sehen wir uns an, wie die Geschichte weiterging.«*

Rückkehr

»Schön ist es hier. … Aber ganz schön einsam ohne die anderen.« Klaus schaut sich im All um. Er kämpft sichtlich mit sich. *»Eigentlich sollten die anderen das hier auch einmal sehen.«* Nach einer Weile reißt er das Steuer herum und fliegt zurück. Die Zuschauer reagieren überwiegend unwillig. Das war nicht das, was sie sich gerade erwartet haben. Lediglich derjenige, der die Frage gestellt hat, sitzt zufrieden in der Runde.

Nachdem Klaus auf dem Rückweg die erneuten Turbulenzen überstanden hat, landet er auf der Bergwiese und steigt aus. Der Moderator unterbricht: *»Wir hören die wahren Gedanken von Klaus.«* *»Schön ist es hier – allerdings«*, er sieht zu den Gipfeln, *»alles ein wenig eng, verglichen mit dem All.«*

Die meisten der Zuschauer entspannen sich wieder ein wenig. Deutlich ist in den Gesichtern die Neugier auf die Begegnung von Klaus mit der Hausbewohnerin abzulesen. Klaus wandert zurück zur Almhütte. Deutlich spürt er die Bergkälte. In seiner Erinnerung beginnt er schon, sich auf das Feuer im Haus zu freuen. Dadurch, dass Klaus seine wahren Gedanken ausspricht, kann das Publikum an seinen Empfindungen teilhaben.

Dann steht er vor der Tür. Ein kurzer Moment. Er will die Tür öffnen, doch anders als früher, ist sie diesmal verschlossen. Klaus klopft – und wartet. Endlich hört er, wie sich jemand von innen der Tür nähert. *»Ja?«* *»Ich bin's, Klaus.«* *»Ach so.«*

An dieser Stelle endet die Szene. Die Zuschauer bitten im Anschluss darum, den Spielern noch Fragen stellen zu können. Zunächst steht die Bewohnerin des Hauses im Mittelpunkt.

❖ *»Warum haben Sie die Tür abgeschlossen? Vorher war Sie doch offen.«*
❖ *»Hatten Sie damit gerechnet, dass Klaus zurückkehren würde?«*
❖ *»Warum haben Sie ihm nicht gleich aufgemacht?«*

Dann wurde auch Klaus befragt:

❖ *»Warum sind Sie zurückgeflogen?«*
❖ *»Hat Ihnen Ihre alte Umgebung gefehlt?«*

Die beiden Spieler antworten. Dann ist der Auftritt vorüber. Die Berater bleiben noch eine Weile unter sich und diskutieren, bevor sich die Runde auflöst. Dabei stellt sich heraus, dass gerade die Heimkehr von Klaus ein wesentliches Element für die Gruppe darstellt. In dieser Rückkehr spiegelt sich die Angst vor der anstehenden Entscheidung und vor allem die Befürchtung, durch die Entscheidung auch die gewachsenen und vertrauten Beziehungen der Einzelnen untereinander zu belasten: Wie werden wir miteinander umgehen, wenn die Veränderungen realisiert werden bzw. der Status quo erhalten bleibt?

Nachhall

Inzwischen haben die Mitarbeiter der Unternehmensberatung ihre Entscheidung getroffen. Ein Zukunftsmodell wird im Augenblick realisiert. Das Spiel auf der Bühne und die visualisierten Diskussionen der Berater untereinander haben der Gruppe geholfen, Klarheit zu finden. Allen Betroffenen wurde deutlich, dass die familiäre Atmosphäre innerhalb der Gruppe einen Wert darstellt, der wichtig ist und den es unabhängig vom jeweiligen Zukunftsmodell zu bewahren gilt. Dennoch wurde auch deutlich, dass die Fokussierung auf diesen Wert dem Fortschritt und damit der Anpassung an die Bedürfnisse des Marktes und der Kunden im Wege stand.

Am Tag nach dem Auftritt der TOI-Spieler überarbeitete die Beratergruppe die verschiedenen Zukunftsmodelle und fand eine für die meisten verträgliche Lösung, die es ermöglichte, Bewährtes zu erhalten und dennoch mutig den Schritt in die Zukunft zu wagen. So wurde die Umgestaltung und Erweiterung der Villa durch einen modernen Anbau nicht mehr in Frage gestellt, was bis dato als bedrohlicher Verlust der Traditionen gegolten hatte. Allerdings haben nicht alle Berater diese Entscheidung mitgetragen. Einige sind ausgeschieden, da ihnen klar wurde, dass sich an dieser Stelle ihr Weg und der Weg der anderen Netzwerkmitglieder trennen musste. Auch wenn es nicht leicht war: die TOI hat hier mit dazu beigetragen, notwendige Entscheidungen zu treffen. So schleppten die Mitarbeiter nicht, wie häufig bei Umstrukturierungen, ungute Gefühle und Einstellungen über Monate unausgesprochen mit, die sowohl bei der Organisation, als auch bei den Betroffenen sich als belastende Emotionen und schlechter Stimmung zeigt. Im Gegenteil: Die Visualisierung der verschiedenen Zukunftsmodelle in Form von Metaphern und den individuellen emotionalen Betroffenheiten der Veränderungen, hat die Beratergruppe in ihrem Prozess unterstützt, die jeweiligen Entscheidungen zu treffen.

In einer Nachbetrachtung der Gesamtveranstaltung und insbesondere der TOI waren sich die Teilnehmenden darüber einig, dass die Qualität des Spiels darin lag, spontan die Fragen und Aussagen der Gruppe in eine Metapher und in Spielszenen zu übersetzen. Dabei wurden wesentliche Punkte überspitzt dargestellt. Dies ermöglichte für die Diskussionen der Gruppe neue Reflexionsperspektiven und gab wichtige Entscheidungshilfen.

Rückblende

Zielgruppe:	Kleine Gruppe von 20 Beraterinnen und Beratern.
Interventionsfokus:	Individuum. Die Gefühle, Motive, Bedürfnisse des Einzelnen stehen im Mittelpunkt. Unterstützen der Entscheidungsfindung in der Gruppe unter Berücksichtigung individueller Bedürfnisse.
Besonderheiten:	Prozessbegleitende TOI – Bühnenspiel wird begleitend zur Diskussion der Beratergruppe eingesetzt. Elemente aus der Diskussion, die dem externen (nicht zum Beraterteam gehörenden) Moderator auffallen, werden zum Auslöser kurzer Bühnenszenen.
Ziel:	Fokusverlagerung der Diskussion von Detailfragen hin zu den zentralen Punkten. Spiegel durch die Spieler wirkt somit kommunikationsanregend und verändernd.
Einsatzmöglichkeiten:	Selektiver Einsatz der TOI im Trainings- oder Beratungsprozess durch den Trainer bzw. den Moderator um den Moderationsprozess zu unterstützen.
	Von Unternehmensseite aus: Jährliche Strategietagungen um die emotionale Ebene zu ergänzen und eine optimalere Ausrichtung der Unternehmensstrategie zu finden.

»Na, hatte ich zuviel versprochen? Wie war es zwischen Alm und All? Das war doch mal eine ganz andere Form der TOI als in den vorangehenden Praxisbeispielen – noch weniger strukturiert, aber dadurch ganz nah am Thema und an der Gruppe. Nochmals anders wird es im nächsten Kapitel. Da können Sie lesen, wie Elemente der TOI im Training eingesetzt werden können. Wir sehen uns!«

Improvisierte Gästeorientierung mit Herrn Oswald

TOI als Seminartheater

»Das fünfte Praxisbeispiel! Da sind Sie ja schon weit gekommen mit diesem Buch! Oder haben Sie Text-Hopping gemacht? Jedenfalls sind Sie – im Textverlauf linear gedacht – hier beim abschließenden Praxisbeispiel – einem speziellen TOI-Anwendungsfall – angekommen. Hier können Sie sich erlesen, wie ein Training mit Methoden der TOI aussehen kann – und dies am konkreten Beispiel eines Trainings zum Thema Gästeorientierung einer international agierenden Hotelkette! Bühne frei für das ›Seminar-Theater‹!
Herr Oswald … kommen Sie mal bitte, es sind neue Gäste angekommen!«

Rollenspiele gehören zum klassischen Handwerkszeug von Trainern in verhaltensorientierten Seminaren. Viele Trainer beschleicht jedoch ein ungutes Gefühl, wenn sie die Teilnehmenden darum bitten, die Rolle eines nörgelnden Kunden oder eines durch persönliche Probleme belasteten Mitarbeiters im Gespräch mit seinem Vorgesetzten einzunehmen. Dieses ungute Gefühl kommt daher, dass die Teilnehmer zur »Schauspielerei« aufgefordert werden. Die Qualität ihres Spiels, die Nähe bzw. Distanz zu ihrer individuellen Alltagssituation entscheidet über den Lernerfolg, der durch das einzelne Rollenspiel erzielt werden kann.

s. S. 84
Blick hinter die
Kulissen: die Scheu
des Publikums

STOPP! Welche Ängste können bei Teilnehmern durch die Bühnensituation ausgelöst werden?

Einen Ausweg aus dieser Situation bietet die TOI im Seminar. Durch den Einsatz von Theaterprofis in Rollenspielen und den Methoden der TOI wird die Praxisnähe und die Effizienz des Trainings für die Teilnehmer deutlich verbessert. Rollenspiele werden nicht mehr durch »ich muss jetzt schauspielern und das ist sowieso nicht meine echte Rolle« belastet.

Shortcut

Titel/Thema der TOI:	»Service Excellence«
Rahmen:	Verhaltenstraining für eine Hotelkette
Ziel:	Verbesserung der »Gästeorientierung«
Dauer:	2 Trainingstage
Teilnehmerzahl:	10–16
Schwerpunkt:	Soziale Kompetenz, Persönlichkeit, Verhalten
Realitätsbezug:	direkt: potentielle Konfliktsituationen aus dem Alltag der Hotelangestellten

Einstieg mit Performance-Übungen

Neugierig sitzen die 15 Teilnehmenden im Seminarraum. Die Stühle sind im Halbkreis angeordnet, Tische gibt es nicht. Alle warten mit Spannung auf die beiden Trainer, die ihnen in einem ungewöhnlichen Seminar etwas zum Thema Gästeorientierung und »Service Excellence« vermitteln sollen. Gerüchte von anderen Seminargruppen lassen die Spannung kurz vor Seminarbeginn steigen.

Nach einer kurzen *szenischen Einführung* werden die ersten *aktiven Übungen* durchgeführt. Diese erste Sequenz ist für die Teilnehmer ungewohnt und auch anstrengend: neue Übungen zu den Themen *Wahrnehmung und Kommunikation*, viele im Stehen oder in Bewegung, alle unter Beteiligung der ganzen Gruppe. Hier wird einerseits intensiv erlebt und andererseits in kurzen, aber wichtigen Transferphasen Trainingserleben und Berufspraxis inhaltlich verbunden. Training kann an Grenzen gehen. Das ist den Teilnehmenden mittlerweile auch bewusst geworden. Doch die *ungewöhnlichen und abwechslungsreichen Übungen*, die ihren Ursprung in den Trainingstechniken der Improvisationsschauspieler haben, liefern die notwendige Motivation engagiert mitzuarbeiten – und natürlich die zunehmend sichtbar werdenden Erfolge. Die Fähigkeit zur Konzentration und bewussten Detailwahrnehmung von Körpersprache und Kommunikationsverhalten steigt, wie beispielsweise durch folgende Übung.

Wahrnehmungsübung: »Raum etablieren«

Es werden Teilnehmergruppen mit sieben bis acht Teilnehmerinnen und Teilnehmern gebildet. Diese stellen sich in einer Reihe vor einem noch unsichtbaren und leeren Raum auf. Nun beginnt die Handlung. Die erste Teilnehmerin öffnet die unsichtbare Tür und betritt den Raum. Dort etabliert sie durch eine pantomimische Handlung den ersten Gegenstand. Zum Beispiel öffnet sie einen Schrank. Anschließend verlässt sie den Raum wieder. Die anderen Teilnehmer haben genau beobachtet, was in dem Raum vorgegangen ist. Nun betritt der nächste Teilnehmer den Raum, geht zu dem bereits etablierten Schrank, öffnet ihn genau in der zuvor beobachteten Art und Weise und entnimmt ihm, ebenfalls pantomimisch, beispielsweise einen Teller, den er auf einen Tisch stellt. Dann verlässt er ebenfalls den Raum.

Alle Teilnehmenden verfahren nun nach dem gleichen Muster. Sie betreten den Raum, wiederholen die Handlungen der Vorgänger und etablieren durch eine eigene Handlung einen weiteren Gegenstand. Wichtig! Bei der gesamten Übung darf nicht gesprochen werden!

Reflexionshilfen für Trainer: Bei der Durchführung dieser Übung treten immer wieder die gleichen Verhaltensmuster auf, die im Anschluss reflektiert werden sollten.

❖ Die Agierenden handeln zu schnell und zu komplex. Die Beobachter haben keine Chance, die Handlung vollständig wahrzunehmen und korrekt wiederzugeben. Hier liegt die Parallele zu Sprechhandlungen nahe: Viele Informationen, hohes Tempo.

❖ Pantomimische Handlungen werden interpretiert. Das zuvor beschriebene *Schrank öffnen* wird von einem Teilnehmer als *Fenster öffnen* interpretiert. Aus diesem Grund holt er auch den Blumentopf vom Fensterbrett herein und stellt diesen auf den Tisch. Der nächste Teilnehmer hat jedoch interpretiert: ein Teller wird auf den Tisch gestellt. Daher beginnt er nun mit einem Löffel die Suppe aus diesem Teller zu löffeln. Für Trainer und Teilnehmer ist es spannend, sich nach der Übung diese unterschiedlichen Interpretationen anzuhören – die alle richtig sind – um dann auf unterschiedliche Wahrnehmungen in der Kommunikation zu reflektieren.

Ein spannendes Spiel, um mit den Teilnehmern zu trainieren, genau zu beobachten, präzise zu agieren und zu reflektieren, wie sehr die momentane Wahrnehmung durch die eigenen Erfahrungen und Erwartungen verändert wird!

s. S. 123
Durch-Blick:
Performance-
Übungen

STOPP! Ich möchte noch mehr Übungen aus dem Theaterbereich kennen lernen, die in diesen ersten drei Seminarstunden eingesetzt werden.

Die Gespräche in der Mittagspause spiegeln die *Nachhaltigkeit der Erfahrungen* wieder. Die Teilnehmenden bringen selbstständig die eigenen Seminarerlebnisse in Zusammenhang mit Hotelerlebnissen aus der Praxis. Noch weiß keiner der Teilnehmenden, wie nahe die Einheit nach der Mittagspause an der Praxis sein wird und wie unmittelbar sie ihren Alltag in das Training einfließen lassen können.

> ## Blick hinter die Kulissen: Vertrauen, Unbefangenheit und Spaß
>
> Damit die Teilnehmenden einer TOI im Seminarkontext auf die spätere aktive Mitarbeit in der TOI vorbereitet werden, ist es wichtig, einige Übungen vorzuschalten, die die Teilnehmer mit dem Wesen der TOI vertraut macht. Dabei geht es um:
>
> ❖ Vertrauen: Die Teilnehmer kennen sich zu Seminarbeginn noch nicht, da sie von verschiedenen Unternehmensstandorten kommen. Um aber spielerisch aktiv zu werden, müssen sie sich gegenseitig vertrauen. Vertrauen bedeutet in diesem Zusammenhang, dass die Angst, sich vor der Gruppe zu blamieren, abgebaut wird. »Fast alles« sollte möglich sein – auch Fehler zu machen.
> ❖ Unbefangenheit: Damit die Teilnehmenden in den späteren TOI-Sequenzen aktiv auf der Bühne mitwirken, brauchen sie ein hohes Maß an Unbefangenheit. Dies wird ihnen durch den schnellen Einstieg, die sparsamen Unterbrechungen und die Ungewöhnlichkeit der Übungen verschafft. Sie trauen sich etwas auszuprobieren.
> ❖ Spaß: Die Teilnehmenden haben bei den Übungen Spaß und gehen dadurch auch davon aus, dass die weiteren Einheiten Spaß machen werden. Dies ist für den Erfolg der folgenden Sequenz von entscheidender Bedeutung.

Seminartheater mit Rollentausch

Eine veränderte Atmosphäre erwartet die Teilnehmenden nach der Mittagspause. Sie werden gebeten, sich zu setzen. Einer der beiden Trainer erläutert den weiteren Ablauf, der andere ist offensichtlich verschwunden. Die Teilnehmer blicken irritiert in die Runde.

»Hallo, arbeiten Sie hier?« – Herr Oswald am Telefon, während sich ein ungeduldiger Gast lautstark bemerkbar macht.

»Was kommt jetzt?« sagen die Blicke, die sie sich gegenseitig zuwerfen. Dann wird ein Herr Oswald angekündigt: Ein neuer Hotelmitarbeiter, der noch nicht lange bei der Hotelkette arbeitet und nun hier in der »Live-Situation« ihnen, den Profis, zeigen muss, wie Gäste optimal betreut werden sollen. Herr Oswald (der zweite Trainer) erscheint vor der Gruppe und stellt sich hinter den Tresen einer Rezeption. Der moderierende Trainer fordert die Teilnehmer auf, als typische Gäste in diesem Hotel bei Herrn Oswald einzuchecken. Außerdem werden den Teilnehmenden die Regeln der TOI erklärt, insbesondere die Möglichkeit, das Spiel zu unterbrechen und Herrn Oswald Tipps zu geben.

Ist das Spiel erst einmal in Gang gekommen, kommen immer mehr TOI-Elemente zum Einsatz. Sowohl der moderierende als auch der spielende Trainer können aus dem »TOI-Werkzeugkasten« situativ auswählen, was für den Lernerfolg der Gruppe wichtig ist. In der Praxis hat es sich beispielsweise bewährt, wenn der Spieler in seiner Rolle über seine augenblicklichen Gefühle spricht. Wenn er nach einer Situationseskalation äußert, dass er sich gestresst oder überlastet fühlt; wenn er artikuliert, wie sehr er jetzt die Unterstützung eines Kollegen bräuchte, dann spricht er den Teilnehmern aus der Seele. Das ist ihr Alltag, so fühlen und denken sie.

Blick hinter die Kulissen: Teilnehmende als »Coach«

Zweier Kunstgriffe bedient sich das Trainerteam in diesem Fall.

❖ Kunstgriff 1: Der zweite Trainer schlüpft als Schauspieler in die Alltagsrolle der Teilnehmenden. Diese wiederum werden in der Regel die Kunden bzw. Gäste spielen, die aus ihrer Wahrnehmung heraus Problemfälle für sie darstellen. – Sie wollen sehen, wie Herr Oswald damit umgeht. Dadurch, dass sie selber außerhalb der Kritik stehen und alle Fehler nur bei Herrn Oswald beobachtet werden, fällt es den Teilnehmern leicht, auf die Bühne zu gehen.
❖ Kunstgriff 2: Die Teilnehmenden werden aufgefordert, Herrn Oswald zu coachen, ihm Tipps zu geben. Da Seminarteilnehmer stets mit unterschiedlichem Vorwissen teilnehmen, kommt es hier über die Tipps zum Wissensabgleich in der Gruppe. Es wird gleichzeitig gelernt und die Feedbackkultur wird verbessert. Im Bestreben, Herrn Oswald zu helfen, fallen die Tipps zunehmend positiv und unterstützend aus.

Und wenn Herr Oswald später erklärt, warum ihm dieser oder jener Tipp Entlastung verschafft hat, dann akzeptieren die Teilnehmer dies als »real« und sind bereit, es in ihrem Alltag auch einmal so zu versuchen. Die Identifikation mit dem Spielertrainer ist es, die in dieser Phase den Garant für den Lernerfolg darstellt.

Auch die Möglichkeit des Replays ist eine der wertvollsten Optionen in diesem Kontext: Das Spiel läuft nicht optimal, Herr Oswald ist überfordert. *»Stopp! Herr Oswald, es wäre besser gewesen, wenn sie die Leute nacheinander und nicht gleichzeitig bedient hätten.«* Gesagt, getan.

s. S. 40
Replay

Der Moderator spult die Szene noch einmal zurück und Herr Oswald erhält eine neue Chance: *»Stopp! Noch besser wäre es, wenn …«* Und erneut wird die Szene zurückgespult und mit den neuen Vorschlägen realisiert.

Die Teilnehmenden haben augenscheinlich einen Riesenspaß. Durch die ständigen Interventionen sind die Zuschauer aktiv mit dabei. Nach unserer Erfahrung muss sich das Trainerteam keine Gedanken über das »Mittagsloch« machen – zu real und nahe ist für die Teilnehmenden in dieser Phase das Seminar.

Wenn eine Szene besonders nah am Alltag der Teilnehmenden ist und schwer zu bewältigen scheint, bietet es sich auch hier im Seminar an, die Gruppe in Kleingruppen aufzuteilen und Lösungsdrehbücher zu schreiben. Anschließend sieht die Gruppe dann, welche Varianten helfen könnten. Welche Techniken der TOI im Seminar eingesetzt werden, hängt von der jeweiligen Situation und den Methodenkenntnissen der Trainer ab.

s. S. 32
Lösungsdrehbücher

STOPP! Mich interessiert das Drehbuchschreiben!

Wird die Szene durch die Teilnehmer unterbrochen und werden Vorschläge für das weitere Verhalten von Herrn Oswald gemacht, hat der moderierende Trainer die Möglichkeit, mit kurzen eigenen Eingaben das Wissen der Teilnehmer zum Verhalten in den jeweiligen Situationen zu erweitern. Wissensvermittlung erfolgt bei dieser Seminarkonzeption situativ und nicht chronologisch.

Die Teilnehmer sammeln ihre wesentlichen Erkenntnisse aus den Szenen mit Herrn Oswald.

Damit die wesentlichen Punkte, die in den einzelnen Szenen erarbeitet wurden, nicht verloren gehen, ist eine Zusammenfassung auf einem Flipchart oder einer Moderationswand in Form einer Plenumsmoderation durch den Trainer oder in Kleingruppenarbeit notwendig.

Rückblende auf die wesentlichen Merkmale im ersten Teil des Seminars

❖ **Rollentausch:** Die Teilnehmenden schlüpfen in die Rolle ihrer Kunden; einer der beiden Trainer schlüpft als TOI-Spieler in die Alltagsrolle der Teilnehmer; der andere Trainer moderiert.

❖ **Identifikation:** Die beobachtenden Teilnehmer identifizieren sich mit der Rolle des spielenden Trainers.

❖ **Feedback:** Die Teilnehmenden coachen den Spielertrainer und lernen so nebenbei konstruktives Feedback zu geben.

❖ **Wissens-Sharing:** Alle Teilnehmer profitieren von vorhandenem Wissen innerhalb der Seminargruppe.

❖ **Situative Wissensvermittlung:** Die Trainingsinhalte werden an aktuellen (sichtbaren) Situationen vermittelt. Kein Lehrvortrag!

❖ **TOI-Techniken:** Die TOI-Techniken werden situationsbezogen eingesetzt und helfen den Teilnehmenden zu einem tieferen Verständnis der jeweiligen Situation.

Vertiefung mit Performance-Übungen

Die Nachbereitung, die auch bei TOI in Großgruppen ein wichtiges Element ist, findet in dieser Seminarvariante der TOI eine Entsprechung in Form von weiteren Performance-Übungen. Für die Teilnehmenden bedeutet dies, dass sie auswählen, welche Erfahrungen und Erkenntnisse aus der TOI für ihren Alltag von besonderer Bedeutung sind. Anschließend werden Übungen durchgeführt, die dem Training der benötigten Verhaltensweisen dienen. Ein typisches Beispiel aus dem Gästeorientierungsseminar ist das Spiel »*YOU!*«. Dieses Spiel dient dazu, die Kommunikationsfähigkeit der Teilnehmer in Stresssituationen zu trainieren. Da im Hotel häufiger die Situation auftritt, dass mehrere Gäste gleichzeitig mit ihren unterschiedlichen Wünschen an die Rezeption kommen, ist diese Übung für die Teilnehmenden sehr hilfreich.

In dieser Phase ist es auch angebracht, Übungen des Vormittags erneut aufzugreifen und sie mit leichten Modifikationen und Ergänzungen für die Teilnehmenden erneut interessant und bereichernd zu gestalten.

Training als Nachbereitung der TOI

Auch der zweite Tag beginnt mit neugierigen Teilnehmern. »Lässt sich der erste Tag noch ›toppen‹?« Die Inhalte wurden vermittelt, Herr Oswald ist bekannt, wenn er wiederkehrt, ist alles nur noch Wiederholung.

Kommunikationsübung: »You!«-pattern

Die Teilnehmenden stellen sich im Kreis auf. Ein Trainer beginnt. Er zeigt mit klarer Geste und klarem Blick auf jemanden und ruft ihm »You!« zu. Dieser gibt diesen »You!«-Impuls an eine andere Teilnehmerin weiter. Wer in dieser ersten Runde das »You!« bereits hatte, signalisiert dies, indem er bzw. sie sich die Hand auf den Kopf legt. Jeder merkt sich, an wen er das »You!« gegeben und von wem er es bekommen hatte. Am Ende landet das »You!« wieder bei dem beginnenden Trainer. Anschließend wird das »You!« nochmals in der gleichen Reihenfolge durch den Kreis gegeben, um sicher zu stellen, dass jeder sich seinen Adressaten gemerkt hat.

Wenn diese erste Struktur (pattern) etabliert ist, beginnt eine neue Runde. Diesmal wird beispielsweise ein Möbelstück, ein Gefühl oder der Name einer Stadt durch die Runde gegeben. Dabei wird wie zuvor eine Reihenfolge festgelegt. Diese muss sich von der ersten unterscheiden. Im Unterschied zur ersten Runde gibt jeder ein anderes Möbelstück weiter. (Stuhl, Teppich, Schrank …)

Die dritte Runde schließlich, wieder mit einer neuen Reihenfolge, verläuft nach dem gleichen Muster wie Runde zwei, nur dass dieses Mal beispielsweise ein Kleidungsstück durch die Runde gegeben wird.

Die »Stresssituation« für die Teilnehmenden beginnt, wenn der Trainer beginnt, zwei oder drei Patterns parallel loszuschicken. Alle Elemente müssen in der jeweils gewählten Reihenfolge durch den Kreis gegeben werden und am Schluss beim Trainer angelangen.

Für Gruppen, die in Wahrnehmungs- und Impulsspielen bereits etwas geübt sind, lässt sich dieses Spiel noch steigern in dem bei einem Pattern (zum Beispiel dem »You!«) nicht nur auf den nächsten Teilnehmer gezeigt wird, sondern auch auf ihn zugegangen wird. Dieser muss dann ebenfalls auf den Teilnehmer, dem er das »You!« gibt, zulaufen. So verändern sich zusätzlich zu den umherfliegenden verschiedenen Impulsen auch noch die räumlichen Konstellationen, so dass jeder seinen Impuls-Adressaten erst »orten« muss.

Doch auch diesmal werden die Teilnehmer verblüfft. Herr Oswald ist überraschend krank geworden, teilt ihnen der moderierende Trainer mit. Doch, was keiner vorher wusste, es sind zahlreiche Gäste für diesen Tag im Hotel angemeldet und so wäre es schön, wenn die Teilnehmer für Herrn Oswald einspringen könnten, bittet der Moderator.

In dieser Phase des Trainings zeigen sich die positiven Effekte der Arbeit des Vortages. Der Schritt auf die Bühne stellt für die Teilnehmer an sich nichts Ungewöhnliches mehr dar, doch nun heißt es, sich in der eigenen Rolle auf die Bühne zu begeben. Gerade in dieser Phase werden Trainer die Wirkung der positiven und konstruktiven Feedbackarbeit vom Vortag schätzen. Denn meist reicht ein Hinweis, dass derjenige, der auf die Bühne geht, ebenso von der Gruppe unterstützt werden kann, wie am Vortag Herr Oswald.

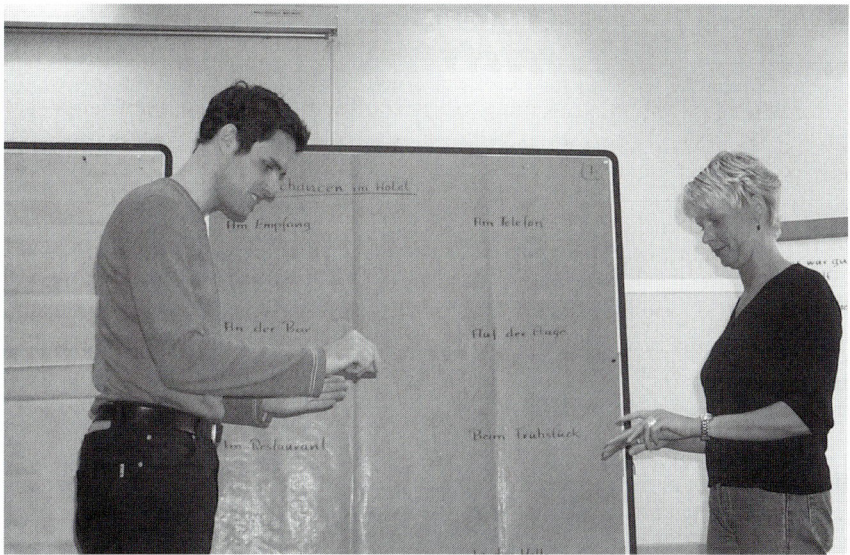

Kein Gast wie der andere – wie im Berufsleben werden die Teilnehmer in den Szenen mit unterschiedlichsten »Typen« konfrontiert.

Sobald ein Teilnehmer auf der Bühne steht, tritt nun der spielende Trainer in seiner Rolle als Kunde bzw. als Gast auf. Er schlüpft dabei in einen Charakter, der je nach Trainingsgegenstand und -zielsetzung entweder

❖ schon im Vorfeld festgelegt war, oder
❖ sich aus den Situationen des Vortages ergeben hat.

Beide Varianten haben ihre Vorteile.

❖ **Variante 1**
    Sind die Kundencharaktere bereits im Vorfeld festgelegt, so kann bestimmtes gewünschtes Verhalten anhand der möglichen Rollen optimal trainiert werden. Die Vermittlung von Kommunikationstechniken und Verhaltensmustern ist durch die Trainer leichter vorzubereiten und die Transferarbeit nach der Durchführung einer szenischen Aktion wird erleichtert.
❖ **Variante 2**
    Werden aus den Vortagsszenen typische Rollen generiert, so haben die Teilnehmenden den Vorteil, bereits einmal – durch Herrn Oswald – eine

mögliche Lösung miterlebt zu haben und können nun im Sinne von Wiederholung versuchen, zu einem vergleichbaren Ergebnis zu gelangen. Diese Art der Arbeit erfordert von den Trainern mehr Flexibilität, gestattet es andererseits aber individueller und im Sinne eines »Sporttrainings« an einer Optimierung des jeweiligen Teilnehmerverhaltens zu arbeiten.

Wenn hier die Rede von mehreren Charakteren ist, in die der spielende Trainer schlüpft, dann deshalb, weil es erstens für jeden Teilnehmer eine Szene geben muss, in der sie bzw. er selber agiert. Und zweitens, weil erst mit der Unterschiedlichkeit von Charakteren die Vielschichtigkeit von Kommunikationssituationen verdeutlicht werden kann. Nicht zuletzt ist es für die Teilnehmenden auch spannender, wenn sich die Charaktere abwechseln, sie nicht wissen, wer zu ihnen auf die Bühne kommt und wie sie auf sie reagieren sollen.

s. S. 38
*Rolleninterview:
Der heiße Stuhl*

Ansonsten verläuft diese TOI nach dem gleichen Muster, wie die des Vortags. Auch diesmal kommen die unterschiedlichen TOI-Techniken zum Einsatz. Besonders interessant für die Teilnehmenden wird es in einem solchen Seminar immer dann, wenn die Gast- bzw. Kundenrolle zu ihrer Meinung auf dem heißen Stuhl befragt wird.

Fasziniert sitzen die Teilnehmer und insbesondere die agierende Teilnehmerin da und erwarten die Antworten auf die von ihnen gestellte Frage. »*Wie fühlten Sie sich als Gast behandelt?*« Der spielende Trainer hat nun die Chance, aus der Identifikation mit seiner Rolle heraus ein ehrliches Feedback zu geben – zum Beispiel: »*Ich musste schon ziemlich lange warten, bis Sie mich endlich einmal angelächelt haben. Ein wenig mehr Freundlichkeit würde mir gut gefallen.*« Direktes und ehrliches Feedback – vom Kunden bzw. Gast endlich einmal erfahren, was er erwartet, was ihm wichtig ist und wie er das Verhalten des Mitarbeiters einschätzt.

Die Stärke der TOI im Seminarkontext liegt vor allem in dieser Interaktion zwischen Rolle und Teilnehmenden. Wie der Hofnarr unangenehme Wahrheiten ungestraft sagen darf, so darf es der TOI-Spieler in seiner Rolle im Seminar. Durch die direkte Konfrontation mit der Innenwelt der Rolle werden die Teilnehmer zum Nachdenken gebracht und erhalten Anstöße zu Verhaltensänderungen, die weit über das hinausgehen, was ein Trainer mit klassischen Seminarmethoden im gleichen Zeitraum erreichen kann.

Rückblende auf wesentliche Merkmale im zweiten Teil des Seminars

❖ **Training:** Die Teilnehmenden trainieren aktiv in ihren Alltagsrollen. Durch die Konfrontation mit ihnen unbekannten Kommunikationspartnern werden sie wie im Alltag zur spontanen Situationswahrnehmung aufgefordert und handeln entsprechend. Neu trainierte Verhaltensmuster werden gefestigt.

❖ **Coaching-Kultur:** Dadurch, dass die Teilnehmer von den Kollegen gecoacht werden, erleben sie Rückmeldungen als hilfreiche Unterstützung. Daraus kann sich eine Coachingkultur für den Berufsalltag entwickeln.

❖ **Konfrontation:** Durch den Einsatz der TOI-Techniken »heißer Stuhl« und »Wahre Gedanken« werden die Teilnehmenden mit der Innenwelt ihres Kommunikationspartners konfrontiert. Dadurch, dass ihnen ihr eigenes Verhalten gespiegelt wird, und sie dies in der beschriebenen Form annehmen können, erhalten sie wertvolle Anstöße zu Verhaltensänderungen.

Transfer: Zurück in den Alltag

In der Regel wird für die zweite TOI, bei der alle Teilnehmer auf der Bühne aktiv werden sollen, der gesamte Vormittag benötigt. Der Nachmittag steht nun unter dem Motto »Vorbereitung auf den Alltag«. So, wie die Teilnehmer am ersten Tag auf die TOI im Seminar vorbereitet wurden, ist es nun notwendig, sie aus den spielerischen Welten der TOI und der Performance-Übungen zurückzuholen und ihnen den Weg in den Alltag zu ebnen.

Dies kann auf unterschiedliche Art und Weise erfolgen. Der Übergang kann entweder durch kleine, spielerische Übungen vorbereitet werden, die schließlich darin münden, einen persönlichen Transferplan in den Arbeitsalltag aufzustellen. Oder es folgt der Wechsel zu klassischen Methoden wie Kleingruppenarbeit, Ergebnis-Moderation oder verwandten Techniken. Bewährt hat sich eine Kombination aus beidem. Mit kleinen Übungen aus dem Bereich der Improvisation klingt die TOI aus, danach wird zur Kleingruppenarbeit übergeleitet, in denen die wesentlichen Ergebnisse nochmals aufgearbeitet und zusammengefasst werden.

Welche Erkenntnisse ziehen die Teilnehmer aus den vergangenen einein-halb Seminartagen? Wie sollte ihrer Meinung nach der konkrete Alltag an jedem Unternehmensstandort gestaltet sein?

Drei Teilnehmer stellen im Märchenstil dar, wie sie in Zukunft ihren Arbeitsalltag gestalten möchten.

Beendet wird das Seminar, indem die Teilnehmenden nochmals spielerisch ihre wichtigsten Erfahrungen aufbereiten, die sie aus diesem Seminar mit in den Alltag mitnehmen: Wie sehen ihre Visionen eines optimalen Berufsalltags aus?

Diese Visionen sollen die Teilnehmer nun in einer abschließenden Kleingruppenarbeit inszenieren: Dazu verfassen sie zunächst ein Drehbuch, das sie ohne Unterstützung durch einen Trainer in Szene setzen.

Und dann kommt der große Moment: Die Premiere! Als besonderer Clou sind zwei Ehrengäste eingeladen: Der Direktor und sein Assistent stoßen zu den Zuschauern hinzu. Gebannt verfolgen sie gemeinsam mit den Seminarteilnehmern die vorbereiteten Szenen zum Thema »ideale Service Excellence«.

Nach den Auftritten haben die Teilnehmenden das geschafft, was sie zu Beginn des Seminars nicht für möglich gehalten hätten: Sie haben gemeinsam ein Theaterstück inszeniert und vor Zuschauern aufgeführt! Das stärkt auch das Selbstbewusstsein, das im Gästekontakt so notwendig ist! Außerdem sind die gemeinsam erarbeiteten Szenen der visuelle Ausdruck des Commitments der Gruppe an sich selbst. Gleichzeitig existiert durch das erarbeitete Drehbuch ein schriftlicher Entwurf dieses Commitments.

»Na liebe Leserin und lieber Leser, ich glaube, jetzt wird es mal wieder Zeit für konkrete Anwendungsempfehlungen!«

Einsatzmöglichkeiten der TOI im Seminar

Die hier beschriebene Seminarvariante der TOI ist ein Beispiel für einen möglichen Einsatz. Die Kombination von TOI-Elementen mit so genannten Performance-Trainingsmethoden macht durch die gemeinsame Wurzel Improvisationstheater Sinn und rundet das Konzept stimmig ab, ist jedoch nicht zwingend erforderlich.

Als Trainer haben Sie die Möglichkeit, die von Ihnen verwendeten Methoden mit TOI-Techniken zu verbinden. So ist es durchaus vorstellbar, dass ein klassisches Verkaufstraining durchgeführt und mit einem TOI-Spieler ergänzt wird. Sie können ihn oder sie gezielt in einzelnen Phasen Ihres Trainings hinzuziehen und ansonsten das Training alleine durchführen. In einem solchen Fall ist allerdings eine gute Kenntnis der möglichen Techniken und Methoden Ihrerseits und die Festlegung bestimmter Kundencharaktere im Vorfeld für die TOI-Spieler notwendig.

STOPP! Ich möchte mir die TOI-Techniken durchlesen.

*s. S. 33
Techniken der TOI*

Die für das Seminar geeignete TOI lässt sich für die unterschiedlichsten Themen einsetzen: Führung, Zusammenarbeit im Team, Verkauf, Kommunikationstraining, Konfliktmanagement, Gästeorientierung … Gemeinsam ist den Themen jedoch stets, dass es sich um *Kommunikationssituationen* handelt, in denen es für die Beteiligten interessant und wichtig ist, mehr über die möglichen Motive der Gesprächspartner zu erfahren und – in denen im Seminar möglichst viel Realitätsnähe in den Übungen erwünscht ist.

Rückblende

Trainingszielsetzung: Die 15 Seminarteilnehmerinnen und -teilnehmer lernen Gästeorientierung auf eine spielerisch aktivierende Weise. Handeln und experimentieren als Methode im Seminar ist gleichzeitig auch Zielsetzung im Hinblick darauf, neue Wege im Alltag zu beschreiten.

Besonderheiten: Ein professioneller TOI-Spieler übernimmt wesentliche Charakterrollen in den einzelnen Rollenspielsequenzen.

Die Methoden der TOI (beispielsweise »Stopp« oder »heißer Stuhl«) werden in der Zusammenarbeit zwischen Gruppe, Trainer und Spieler situativ eingesetzt.

Performance-Übungen aus dem Improvisationstheatertraining und der Schauspielausbildung werden für das Training von Schlüsselfertigkeiten der Teilnehmenden eingesetzt.

Anwendungstipps: Die Zusammenarbeit mit einer trainingserfahrenen Improvisationsschauspielerin lässt sich in vielen Kommunikationsseminaren erfolgreich einsetzen.

Zahlreiche der Performance-Übungen sind auch in Fachseminaren wie beispielsweise einem EDV-Seminar zur Aktivierung und Lockerung der Teilnehmer sinnvoll.

»Uff, bei den Übungen kommt man ganz schön in Bewegung. Damit können Sie Ihre Teilnehmer bestimmt positiv verblüffen. Doch jetzt, nachdem Sie die ganze Praxis gelesen haben – wie wäre es denn mit ein wenig pädagogischem Hintergrund. Ja? Dann folgen Sie mir mal auf die ›Hinterbühne‹, das ist sozusagen der wissenschaftliche Backstage-Bereich dieses TOI-Buches.«

Durch-Blick

Performance-Übungen für Seminarleiter

»Sie sind Trainerin oder Gruppenleiter? Sie haben Gefallen an der TOI gefunden? Szenisch darstellende Formen üben schon lange einen Reiz auf Sie aus? Sie arbeiteten bislang schon mit darstellenden Methoden? Dann sind Sie hier richtig!

Natürlich können Sie nach Lektüre dieses Abschnittes keine TOI in Szene setzen. Dazu braucht es eine umfassende Ausbildung als (Improvisations-) Schauspieler bezüglich der darstellenden Elemente und als Moderator bezüglich der Planungs- und Steuerungsanteile im Lernprozess.

Was Sie hier finden können, das ist eine kleine Auswahl an Übungen und Spiele, die die Autorengruppe im Hinblick darauf ausgewählt haben, dass sie auch von nicht TOI-lern einsetzbar sind. Diese so genannten Performance-Übungen erlauben es, mit unterschiedlichem Fokus – Aktivierung, Wahrnehmung, Team, szenische Formen, Status, Kreativität – TOI-nahe und -verwandte Elemente in Ihren Trainingsalltag zu integrieren. Schauen Sie mal rein, vielleicht ist ja was für Sie dabei!«

Die *Performance-Übungen* stammen ursprünglich aus dem Trainings- und Bühnentechnik-Repertoire des Improvisationstheaters und des klassischen Schauspiels. Einige der folgenden Übungen werden auch von TOI-Spielern in Proben als Training eingesetzt. Die hier angeführten Übungen wurden jedoch speziell für den Bereich Kommunikations- und Verhaltenstrainings ausgewählt und modifiziert. Da während einer Improvisation auf der Bühne nichts vorbestimmt ist, liegt unter anderem ein Hauptaugenmerk der Übungen auf der Schulung der Wahrnehmung, der flexiblen Reaktionsfähigkeit der Übungspartner und eines konstruktiven Interaktionsverhaltens – wichtige Fähigkeiten, ohne die jede improvisierte Szene scheitert und die auch im alltäglichen Kommunikationsverhalten eine wichtige Rolle spielen.

Um sich von den Performance-Übungen eine konkretere Vorstellung machen zu können, wurden hier exemplarisch einige mit einer Kurzbeschreibung aufgelistet.

Bei fast allen vorgestellten Übungen sind nach- bzw. zwischengeschaltete Reflexionsphasen zu empfehlen. Da sich die Teilnehmer bei den hier vorgeschlagenen Übungen meist nicht in im Voraus vorgegebene Rollen begeben, sondern spontan Rollen wählen und gemäß ihrer persönlichen, spontanen Herangehensweise in diesen agieren, fällt der Transfer zum individuellen Interaktionsverhalten im (Berufs-)Alltag sehr leicht. Der jeweilige Reflexionsfokus findet sich unter dem Stichwort »Eignung«.

Kleine Spiele und Impulsspiele

Die hier angeführten Spiele eignen sich u.a. zum Wachwerden und zur Steigerung von Wahrnehmung und Spontaneität der Seminarteilnehmer.

Energieklatschen

Die Teilnehmenden stehen im Kreis. Der Trainer schaut seinem rechten Nebenmann in die Augen. Zeitgleich klatschen beide in ihre eigenen Hände. Dann dreht sich diese Person zu ihrem rechten Nachbarn um und das Klatschen erfolgt wieder zeitgleich und wird so nach und nach im Kreis herumgegeben. Ziel ist ein gleichmäßiger Rhythmus in der Weitergabe. Hat sich ein Rhythmus stabilisiert, wird von Runde zu Runde die Geschwindigkeit gesteigert, ohne dass der Kontakt zum Nachbarn verloren geht.

Eignung: Vor allem zur Aktivierung nach Pausen können Sie diese Übung gezielt einsetzen. Sie bewirkt eine sehr gute Auflockerung, gleichzeitig müssen sich die Teilnehmenden stark konzentrieren. Eine genaue Wahrnehmung sowie die Bereitschaft, sich auf die anderen einstellen zu können bzw. zu wollen, sind hier erforderlich.

Zip, Zap, Boing

Die Teilnehmenden stellen sich mit ausreichendem Abstand im Kreis auf. Erste Stufe: Die Trainerin gibt ein »Zip« an ihren rechten Nachbarn weiter, indem sie mit klarer Geste auf ihn deutet und mit Blickkontakt »Zip« (gesprochen »sip«) ruft. Dieser dreht sich schnell zu seiner rechten Nachbarin um und gibt dieser ebenfalls den oben beschriebenen »Zip«-Impuls mit Geste weiter. Ziel ist es, das »Zip« so klar, so gleichmäßig und so schnell wie möglich durch den Kreis fliegen zu lassen.

Variation 1

Die Trainerin führt zusätzlich zu dem »Zip«- einen »Zap«-Impuls ein. Der »Zap«-Impuls kann nun nicht zu den Nachbarn, dafür aber zu jedem beliebigen Teilnehmer im Kreis weitergegeben werden. Die Nachbarn bekommen weiterhin nur den »Zip«-Impuls. Beim »Zap«-Impuls geht es darum, ihn möglichst genau und unmissverständlich an die empfangende Person zu adressieren.

Bemerkung: Bei hohem Tempo passiert es natürlich, das »Zip« und »Zap« verwechselt werden. Für gutes, spontanes Teamwork ist es jedoch wichtig, dass die gemeinsame Energie gehalten wird, statt auf »Fehlern« der anderen Partner herumzuhacken. Ermutigen Sie also Ihre Teilnehmer, auch bei »Regelabweichung« weiterzumachen, statt auf das Fehlverhalten anderer hinzuweisen. Weiter unten werden wir noch sehen, dass es beim gemeinsamen Improvisieren stets darauf ankommt, aufeinander einzugehen und »etwas« daraus zu machen.

Variation 2

Bleiben die Teilnehmenden mit »Zip« und »Zap« gut im Fluss, so kann dies als Metapher für gut fließende Energie im Team betrachtet werden. In der Realität ist dies natürlich nicht immer so: Einzelne können oder wollen auf bestimmte Partner bzw. deren Impulse nicht eingehen und machen dies auch kommunikativ deutlich: Sie weisen den Impuls ab. Um dies zu visualisieren bzw. bewusst auszuleben, wird nun ein »Boing«-Impuls eingeführt: Er wird dann – mit einer abweisenden Geste – eingesetzt, wenn man einen »Zip«- oder einen »Zap«-Impuls an den Sender zurückgibt, den Impuls also nicht annimmt und ihn auch nicht weiterleitet. Improvisationsschauspieler würden sagen: wenn man ein (Spiel-)Angebot blockiert.

Eignung: Dieses Spiel eignet sich zur Aktivierung nach Pausen oder nach Theorieblöcken. Es geht bei dieser Übung darum, Kommunikationsimpulse möglichst genau zu adressieren. Dazu ist ein hohes Niveau an Wahrnehmungssensibilität und Aufmerksamkeit notwendig. Anhand der Art und Weise, wie die Teilnehmenden »Zip« und »Zap« weitergeben (verschlafen, ungenau, präzise, mit Spaß, lustlos etc.), kann das grundlegende Kommunikationsverhalten der Gruppe reflektiert und angetestet werden. Auch das Wort »Boing« kann im weiteren Seminarverlauf gut als »Metapher« oder Signal-Begriff für Kommunikationsblocks eingesetzt werden.

Statuen ergänzen

Vier Teilnehmer (bei einer Gruppe von 18 Personen) sind in einer bestimmten Körperhaltung eingefroren. Alle anderen Teilnehmer bewegen sich durch den Raum. Einzeln treten sie zu einer der vier Statuen, ergänzen diese entweder nach Form oder Inhalt/Bedeutung und frieren dann ein. Die bisherige Statue löst sich aus ihrer Starre und bewegt sich mit den anderen Teilnehmenden wieder durch den Raum. Darauf zu achten ist, dass sich keine Warteschlangen bilden, sondern spontan der richtige Augenblick gefunden wird.

Eignung: Kontaktängste abbauen, Lockerung von Körper und Geist, Spannung und Entspannung in ein Gleichgewicht bekommen.

Was machst du?

Partnerübung. A beginnt eine pantomimische Handlung auszuführen, zum Beispiel Zähneputzen. B fragt A: »*Was machst du?*«. A antwortet nun nicht »*Zähneputzen*«, sondern etwas völlig anderes (natürlich während er immer noch Zähne putzt), beispielsweise: »*Ich spiele Schlagzeug*«. Dies ist nun die Regieanweisung für B. B beginnt also pantomimisch Schlagzeug zu spielen. Nun hört A auf Zähne zu putzen und fragt B: »*Was machst du?*« und B muss etwas völlig anderes antworten, was wiederum die Regieanweisung für A ist, usw. Sie sollten darauf achten, möglichst viele Partnerwechsel einzubauen.

Variation

Möglich ist diese Übung auch als kleines Wettkampfspiel mit zwei Teams, aus denen jeweils zwei Teilnehmende »gegeneinander« antreten. Wer eine Tätigkeit nennt, die bereits zuvor im Spiel genannt wurde oder wer zu lange zögert, scheidet aus und wird durch ein Mitglied seines Teams ersetzt.

Eignung: Spontaneität, Kreativität, Querdenken, Spaß.

friends & enemies

Die Teilnehmenden bewegen sich frei durch den Raum. Der Trainer gibt ihnen folgende Aufgabe: Jeder Teilnehmer wählt für sich – Achtung Geheimnis! – einen Freund oder eine Freundin aus sowie einen Feind oder eine Feindin.

Auf »*Los!*« beschützt jetzt die Freundin den Freund vor dem Feind, indem sie sich immer zwischen den Teilnehmer und dem gewählten Feind befindet. Da sowohl Feind als auch Freund von ihrem Glück oder Pech nichts wissen, ist es Aufgabe jedes Einzelnen, für die optimale Konstellation zu sorgen, ohne dies den anderen verbal mitzuteilen.

Eignung: High-Energizer. Weckt Tote wieder auf!

Tipps: Mehrmals neue Konstellationen wählen lassen, damit sich niemand auf seinen »friend« oder »enemy« einschießt – Bei sehr starken Teamkonflikten besser ein anderes Spiel wählen.

Teamspiele

Wort-für-Wort-Satz

Sieben oder acht Teilnehmer bilden eine Linie oder einen Halbkreis. Die Aufgabe lautet: Wort für Wort einen grammatikalisch richtigen Satz zu bilden, der bei der ersten Teilnehmerin beginnt und beim letzten Teilnehmer endet. Jeder darf also nur ein einziges Wort sagen: Andreas – geht – jeden – Morgen – barfuß – in – die – Arbeit.

Überraschung auf der ganzen Linie: Seminarteilnehmer bilden gemeinsam Wort für Wort einen Satz.

Diese Übung wird mehrfach durchgeführt, wobei die Teilnehmenden möglichst viele Positionen in der »Produktionskette« ausprobieren sollen.

Eignung: Spielerische Analogie für Teamverhalten, Toleranz und Rangordnung. Anhand der Art und Weise, wie die einzelnen Teilnehmer die Spielregeln unterlaufen, vorsagen, mehr als ein Wort nennen oder Sätze vorzeitig beenden, können der Trainer und die anderen Teilnehmer Hypothesen über das Teamverhalten und die Teamfähigkeit der Teilnehmenden aufstellen. Diese Übung eignet sich sowohl am Anfang eines Teambildungstrainings, als auch am Ende zur Ergebnisreflexion.

Ritscher 2000

Stop and go

Die Teilnehmenden werden in zwei Gruppen aufgeteilt und erhalten folgende Aufgabenstellung: Beide Gruppen dürfen sich immer nur abwechselnd bewegen. Wenn sich eine Gruppe bewegt, muss die andere still stehen bleiben und in der jeweiligen Körperhaltung »einfrieren«. Dabei soll eine Gruppe auch immer als »Einheit« handeln, das heißt, zum gleichen Zeitpunkt stehen bleiben und sich im gleichen Tempo und auf ähnliche Art und Weise bewegen.

❖ Stufe 1: Die Trainerin gibt durch Klatschen den Impuls für den Wechsel der Gruppen von Bewegung zum »Freeze« vor.
❖ Stufe 2: Die sich bewegende Gruppe entscheidet, ohne Absprache untereinander, stehen zu bleiben, die andere Gruppe läuft daraufhin los.
❖ Stufe 3: Jede der beiden Gruppen kann den Wechsel von Gehen zu Stehen und umgekehrt einleiten.

Eignung: Diese Übung eignet sich sehr gut dazu, den Teilnehmenden einen ersten Impuls in Richtung Teamarbeit zu geben. Bereits nach kurzer Zeit stellen sich bei dieser Übung Erfolge ein. Indikationspotenzial: Wer sind die Impulsgeber und wer die Impulsnehmer im Team? Meist sind es die in der Teamhierarchie oben stehenden, die den Impuls zum Loslaufen bzw. »Freeze« geben. Der Reflexionsfokus kann nicht nur darauf gerichtet werden, wie je ein Team gemeinsam agiert hat, sondern auch darauf, wie das wechselseitige Zusammenspiel der beiden Gruppen als Gesamtteam war.

Szene unterstützen

Die Teilnehmenden erhalten folgende Aufgabe: Zu viert sollen sie *eine* gemeinsame Handlung pantomimisch und nonverbal darstellen. Diese Handlung geben Trainer oder die übrigen Teilnehmer spontan vor. Beispielsweise: ein Haus bauen oder Wäsche aufhängen. Eine Teilnehmerin beginnt eine pantomimische Handlung (bzw. einen Teil der vorgeschlagenen Handlung). Die anderen Spieler betreten nacheinander die Spielfläche und unterstützen diese Handlung (stumm), indem sie die bereits etablierte Handlung fortsetzen und ergänzend weiterführen. Der vierte und letzte Spieler unterstützt die Szene ebenfalls und setzt mit einem Satz, den Schlusspunkt der Szene.
Eignung: Der Fokus liegt darauf, wie die Teilnehmenden die Handlung wahrnehmen und wie bereit und fähig sie sind, auf diese konkret einzugehen (auch wenn das bedeutet, die eigene Idee, was zum Beispiel zu einem Hausbau noch notwendig wäre, aufzugeben).

Teammoderation und Führung – Geschichte eines Volkes

Die Teilnehmenden bekommen die Aufgabe, gemeinsam eine Geschichte über einen Stamm oder ein Volk zu erzählen, die sie während des Erzählens auch selbst darstellen. Einer der Teilnehmer bekommt die Rolle des »Königs des Volkes«. Dieser ist dafür verantwortlich, dass die Teilnehmenden die Grundregeln für das Geschichtenerzählen einhalten und eine sinnvolle Geschichte erzählt wird:

❖ Ein Held hat einen Namen. Er scheitert oder triumphiert. (Um wen geht die Geschichte? Ist es eine »Erfolgsstory« oder ein »Desaster«?)

❖ Nichts und niemand will in Vergessenheit geraten. (Konzentration auf die Ausgangssituation, die bereits eingeführten, wesentlichen Elemente. Den »Roten Faden« erkennen und an ihm weiterspinnen. »Der Geschichte dienen«.)

❖ Einem Kreise gleich kommt das Ende zum Anfang. (Ein Ende finden, das die bisher benannten Ideen weitgehend integriert.)

Die Teilnehmenden stehen im Kreis. Die Königin oder der König beginnt als erste in der Mitte des Kreises mit dem Erzählen der Geschichte. In einer Hand hält sie einen Gegenstand als Zepter. Gibt sie das »Zepter« einem anderen Teilnehmer weiter, muss dieser die Geschichte, an der Stelle fortsetzen, an der die Vorgängerin aufgehört hat und dazu selbst in die Mitte treten. Nur derjenige, der in der Mitte des Kreises steht, *erzählt* die Geschichte. Die anderen Teilnehmer spielen währenddessen den erzählten Inhalt.

Variation

Variiert werden kann, ob die Impulse für einen Erzählerwechsel von der »Königin« gesetzt werden oder ob einzelne Teilnehmer aktiv nach dem Zepter greifen dürfen etc. Je nach beabsichtigter Wirkung der Übungen überlässt der Trainer den Ablauf des Spieles dem Selbstorganisationsprozess der Teilnehmenden oder gibt die Regeln für den Wechsel der Erzähler vor.

Eignung: Diese Übung lässt sich gut einsetzen, um die Moderation von Teamprozessen und Führung von Teams zu trainieren. Die Teilnehmenden werden sensibilisiert, notwendige Freiräume und Prozessverantwortlichkeit bei den Mitarbeitern sowie Führungskräften besser zu erkennen, vermittelt durch die Metapher des Geschichtenerzählens.

Wahrnehmungsspiele

Spiegeln

Jeweils zwei Teilnehmer stehen einander gegenüber. Der eine ist das »Original«, die andere das »Spiegelbild«. Ziel ist es, dass das Spiegelbild die Bewegungen des Originals so exakt spiegelt, dass ein Betrachter von außen Spiegelbild und Original nicht unterscheiden kann.

Dieses Spiel ist insbesondere deswegen interessant, weil die Qualität des Spiegelbilds auch vom Original abhängt. Ist das Original beispielsweise unklar in den Bewegungen oder zu schnell, hat das Spiegelbild keine Chance.

Eignung: Wahrnehmungsübung, die die Teilnehmenden darauf vorbereitet, sich körpersprachlich individuell auf Ihre Gesprächspartner einzustellen. Unterschiedliche Tempi und Rhythmen kommen in dieser Übung deutlich zum Ausdruck.

Sich auf das Tempo seines Gegenübers einstellen.

Pantomimische Flüsterpost

Statt Worten wird hier eine pantomimische Tätigkeit weitergegeben. Bis auf eine Person und die Trainerin verlassen alle anderen Teilnehmer kurz den Raum. Die Teilnehmer werden nacheinander hereingerufen. Die Person im Raum spielt der ersten hereingerufenen Teilnehmerin eine pantomimische Handlung vor. Diese wiederum spielt die Handlung der nächsten Person, die hereinkommt, vor.

Eignung: Die pantomimische Flüsterpost zielt darauf ab, die genaue Beobachtung von Körpersprache zu schulen. Daher ist diese Übung überall dort geeignet, wo die Beobachtung von Körpersignalen als Seminarinhalt von Bedeutung ist. Als Trainer kann man den Schwerpunkt auch auf klare Feedbacksignale legen: Ist das wahrgenommene Signal unverändert oder verändert wiedergegeben worden?

Drei Perspektiven

Ein Spieler schildert aus seiner Rolle heraus eine Konfliktsituation. Dabei liegt der Schwerpunkt zunächst darauf, wie er die anderen beiden Personen in dieser Situation wahrgenommen hat. Nacheinander drückt er seine subjektive Wahrnehmung der anderen Personen durch eine Körperhaltung oder Statue aus. Die anderen beiden Spieler stellen sich jeweils hinter die vom ersten Spieler vorgegebene Körperhaltung und kopieren diese exakt. Dann gibt sich der erste Spieler selbst noch eine Körperhaltung, die sein Gefühl in der jeweiligen Konfliktsituation zum Ausdruck bringt.

Das Spiel beginnt. Alle drei Rollen bleiben in ihrer Körperhaltung verhaftet, die wie eine Art Maske fungiert, und können sich nur minimal bewegen.

Jederzeit kann einer der beiden anderen Spieler durch Klatschen die Szene unterbrechen und die Situation nun aus seiner (völlig anderen Perspektive) schildern. Auch er gibt nach seiner subjektiven Wahrnehmung allen je eine Körperhaltung. So kann zum Beispiel der Chef, der sich selbst zuvor stark und souverän dargestellt hat, nun als verletzlicher Junge dargestellt werden.

Anschließend unterbricht der dritte Spieler nach kurzer Zeit das Spiel und schildert eine dritte, nämlich seine subjektive Sichtweise auf die Wirklichkeit. Es bietet sich an, dass der erste Spieler abschließend noch einmal stoppt und die Geschichte zu Ende erzählt.

Eignung: Visualisierung der verschiedenen Perspektiven auf einen Konflikt. Die Bedeutung der Wechselwirkungen zwischen

❖ Einstellungen,
❖ sozialer Wahrnehmung,
❖ der Situation und
❖ individueller Handlungen

in Konfliktsituationen werden plastisch visualisiert und damit greifbarer. Implizite Vorannahmen werden hinterfragt und können in der Gruppe diskutiert werden.

Szenische Übungen

Und was kommt jetzt?

Die TOI-Technik »Und was kommt jetzt?« lässt sich auch gut in Seminaren einsetzen, entweder, wenn es darum geht, die jeweils Agierenden in einem Rollenspiel zu entlasten, Verhaltensalternativen gemeinsam/interaktiv zu visualisieren oder auszuprobieren.

Stopp! Dazu möchte ich ein Praxisbeispiel lesen!

s. S. 54
Blick hinter die Kulissen: Und was kommt jetzt?

Wort-für-Wort-Szene

Dies ist die szenische Variante von Wort-für-Wort-Satz (s. S. 127). Statt in einer Reihe zu stehen, spielen die Teilnehmenden nun zu zweit eine Szene. Dabei haken sie sich gegenseitig unter und agieren als eine(!) Person. Zunächst führt diese eine (aber durch zwei Teilnehmer dargestellte) Person Wort-für-Wort einfache Handlungen aus (beispielsweise Wäsche waschen, Staubsaugen). Hier sollten Partnerwechsel und Reflexionspausen ermöglicht werden.
Im nächsten Schritt geht es in die Präsentation. Zwei Zweierteams werden mit einer leichten Aufgabe auf die Seminarbühne geschickt, beispielsweise mit der Vorgabe eine Politesse und einen Falschparker darzustellen.
Eignung: Weiterführung von Wort-für-Wort-Satz. Reflexion des Verhaltens im Zweierkontakt. Die Fähigkeit, sich auf ungewöhnliche und nichtplanbare Situationen einzulassen wird hier trainiert.

Status-Übungen

Alle hierarchischen Strukturen äußern sich im Alltag in statusbezogenen Verhaltensweisen. Eigenes und fremdes Statusverhalten im Alltag zu erkennen und bei Bedarf beeinflussen zu können, ist das Ziel der Statusspiele in diesem Abschnitt.

Statusgehen

Die Teilnehmenden werden in Gruppe A und B geteilt. A geht zunächst im Hochstatus durch den Raum, B im Tiefstatus, dann Wechsel. Die Teilnehmer sollen sich – während sie durch den Raum gehen – begegnen. Am Ende werden die Erfahrungen ausgetauscht.

Die Einfühlung in das jeweilige Statusverhalten geschieht über die Körperhaltung. (Das jeweils erstgenannte Merkmal bezieht sich auf Hochstatus, das zweite auf Tiefstatus.)

* **Kopfhaltung:** ruhig und erhaben versus unruhig und eher gesenkt.
* *Blick:* Blickkontakt suchen und halten versus instabiler Blickkontakt: wegschauen, kurz noch mal hin und wieder wegschauen.
* **Haltung:** aufrecht versus Schultern hängen lassen.
* **Füße:** eher etwas nach außen, aber nicht viel versus nach innen.
* **Bewegung im Raum:** viel Raum einnehmend, schreitend (mit dem Gefühl, der ganze Raum gehört mir) versus wenig Raum einnehmend, eher an der Wand.
* **Hände:** kaum oder ruhige Armbewegungen am Körper beim Gehen versus häufige Berührungen des Gesichtes und des Kopfes mit den Händen.

Eignung: Sensibilisierung für eigenes und fremdes Statusverhalten durch den vorgegebenen körperlichen Ausdruck. Was fällt leichter bzw. schwerer? Auf welcher Statusebene ist man »Experte«.

Status-Turm/Status-Tiefgarage

Status-Turm

Vier Teilnehmende sollen eine Unternehmenshierarchie spontan nachspielen. Spieler 1 fängt mit einer Rolle an, die in der Hierarchie möglichst weit unten steht. Nach einiger Zeit – wenn die Rolle bzw. ihr Status klar ist – kommt Spieler 2 hinzu, mit einem etwas höheren Status (sowohl was Rolle als auch was Verhalten betrifft). Ebenso die Spieler 3 und 4. Wenn alle vier auf der Spielfläche agieren, verschafft sich Spieler 1 einen begründeten Abgang (z.B. »Ich habe nebenan noch etwas zu erledigen. Entschuldigen Sie mich bitte …«). Das Spiel läuft weiter. Als nächster Schritt kommt Spieler 1 zurück, aber in einer neuen Rolle! Und zwar mit Status 5, das heißt, nun ist er die Ranghöchste. Ebenso verlassen noch Spielerin 2 und 3 die Szene und kehren in einer neuen Rolle im jeweils höchsten Status zurück.

Status-Tiefgarage

Es gilt das gleiche Prinzip, aber das Spiel fängt mit dem ranghöchsten Status an und geht dann immer weiter nach unten.

Eignung: Durch dieses Spiel werden sehr schnell hierarchisch bedingte Verhaltensmuster und Konfliktpotenziale des jeweiligen Unternehmens offengelegt.

Status-Quiz

Drei Teilnehmende bekommen die Aufgabe, gemeinsam eine kurze Alltagsszene zu spielen. Die Trainerin weist den Spielern eine Statusrangfolge niedrig – mittel – hoch zu, ohne dass die Mitspieler oder zuschauende Seminarteilnehmer erfahren, wer welchen Status zugewiesen bekommen hat. Im anschließenden Spiel besteht die Aufgabe der Spieler darin, den jeweiligen Status durch ihr Verhalten deutlich zu machen, die der Mitspieler und Zuschauenden diesen Status zu erraten.

Variation

Alle drei Spieler wählen sich für die nächste Szene einen beliebigen Status (niedrig, mittel oder hoch) selbst, ohne dies den anderen mitzuteilen. So kann es nun auch zu Statuskämpfen kommen, wenn zum Beispiel zwei oder gar drei Spieler den höchsten (oder den niedrigsten) Status beanspruchen.

Eignung: Vertiefungsübung zu den Übungen Status gehen und Status Turm. Die Wahrnehmung soll sensibilisiert werden. Eine anschließende Diskussion über das Statusverhalten ist obligatorisch! In der Variation wird auch Verhalten bei Statuskonflikten sichtbar. Die Teilnehmer lernen Statusverhalten einzuschätzen.

Tipp: Als Trainer können Sie die Szene vordefinieren. Dabei reduziert ein neutraler Kontext (beispielsweise Treffen von Nachbarn im Treppenhaus) die Komplexität für die Teilnehmer und schafft Sicherheit bei den Spielern.

Kreativitätsübungen

Eine Grundkompetenz zum Spielen und Moderieren einer TOI ist das nötige kreative Know-how. Was manchen fast als Selbstverständlichkeit erscheint: »meinen eigenen Berufsalltag spielen, könnte ich ja gerade noch selber hinbekommen«; kommt anderen wie ein kleines Wunder vor: »wo bekommen die ihre Ideen her?« – Dies ist nicht weniger und nicht mehr das Ergebnis eines intensiven und manchmal harten TOI-Trainings. Dabei kommen viele Kreativitätsübungen zum Einsatz. Auch von den hier bereits aufgezeigten Performance-Übungen lassen sich einige, wie zum Beispiel das »Wort-für-Wort«-Spiel (s. S. 127 und 133) kreativitätsfördernd einsetzen. Im Folgenden werden aber spezielle Kreativitätsübungen aus dem Training für TOI-Spieler vorgestellt, die auch in Seminarkontexten gewinnbringend verwendet werden können.

»Ja, genau! – und …«

Die Trainerin fordert einen Teilnehmer, der neben ihr steht auf: Er soll eine einfache, beliebige Behauptung aufstellen. Zum Beispiel könnte er sagen *»Brezeln schmecken in München am besten.«* Die Trainerin demonstriert nun als nächste in der Reihe den Ablauf. Mit *»Ja genau! …«* bestätigt sie zunächst die Behauptung und setzt sie dann fort, beispielsweise mit: »*… und deshalb wollen alle Leute gerne in München wohnen.*« Die nächsten Teilnehmer nach der Trainerin machen in der aufgezeigten Weise weiter. Hat sich die erste Behauptungen erschöpft, wird eine neue aufgestellt. Die Übung kann nach dieser ersten Stufe auch zu zweit als eine Art absurde Expertendiskussion inszeniert werden.

Blick hinter die Kulissen

Anders als wir es im Alltag gewohnt sind, ist bei dieser Übung nicht der Sinn des Gesagten von Bedeutung. Der Fokus liegt vielmehr auf dem *ideengenerierenden Effekt durch die positive Bestätigung* der Aussagen. Im Alltag merken wir es für gewöhnlich kaum mehr, wenn wir unsere Umwelt ständig mehr oder weniger starken Bewertungen unterziehen. Wir machen dies, um unser eigenes Weltbild aufrecht zu erhalten. Neben der Vernichtung uns fremder oder bedrohlich erscheinender Wirklichkeiten amputieren wir damit aber auch unsere eigene Kreativität und Spontaneität.

Variation

»Ja, aber…!« Dies ist die Blockierungsvariante von »Ja genau! – und …« mit identischem Ablauf in der Durchführung. Eine Reflexion auf den Unterschied zu »Ja genau! – und …« ist obligatorisch.

Eignung: Blick schärfen für kreativitätsförderndes und konstruktives bzw. negativ-blockierendes Interaktionsverhalten. Sehr gutes Warm-up auch für Brainstormings, Kreativitäts- und Innovations-Workshops.
Tipp: *»Ja, aber!«* nicht vor Brainstormings einsetzen.

Wortassoziation

Aufstellung der Teilnehmenden im Kreis. Der Trainer erklärt kurz die Übung und beginnt dann als erster. Wichtig ist es, am Anfang zu betonen, dass es nicht darauf ankommt, besonders clever und originell zu sein, sondern das Naheliegende zu nehmen. Er sagt einen Begriff und gibt diesen an eine Teilnehmerin weiter. Diese wiederholt den Begriff und assoziiert einen neuen Begriff dazu, der mit einer Geste wiederum weitergegeben wird. Zum Beispiel könnten folgende Wortassoziationen entstehen: *»Milchstraße →* Milchstraße, UFO → UFO, UFA → UFA, Berlin → Berlin, Brandenburger Tor → Brandenburg Tor, Botschaft …« usw.

Wichtig ist, darauf zu achten, dass die Assoziationen nicht gewertet werden. Handelt es sich um eine stark kreativitätsgehemmte Gruppe, so kann das der Trainer daran erkennen, dass abfällige, kontrollierende Bemerkungen von anderen über Assoziationen gemacht werden, Teilnehmende sich selbst zensieren, oder dass geäußert wird: *»Mir fällt nichts ein …«*
Eignung: Kreative Lockerung der Teilnehmer. Persönliche und teaminterne Kreativitätsblockaden werden sichtbar. Warm-up für TOI-Spieler.

Dictionary

Ein weiteres Assoziationsspiel ist Dictionary. Anders als bei den Wortassoziationen geht es nun um globalere und freiere Assoziationen. Ein *Phantasiewort* macht dabei den Anfang, auf das assoziiert wird. Hilfreich ist die spielerische Einführung der Übung: *»Wir sind nun alle Experten für eine selten gesprochene Sprache, die wir alle aber perfekt beherrschen. Zur Übung übersetzen wir uns gegenseitig verschiedene Worte und ihre Bedeutungen.«* Der Trainer gibt ein Beispiel vor und gibt die erste Vorgabe an einen Teilnehmer, der diese nun »Übersetzen« muss. In freier Reihenfolge geben die Teilnehmenden nun den Übersetzungsimpuls mit jeweils neuen Worten weiter, zum Beispiel: »*TN1 an TN2: Trogulus*«. TN2: »*Das ist ein besonders schweres Tau, das die Wikinger entwickelt haben, um andere Schiffe zu entern.*« Nun TN2 an TN3: »*Traso*«. TN3: »*Das ist ein neuer Weiterbildungskoffer. Im Traso finden sich neben den üblichen Stiften und Kärtchen auch eine Hupe und eine Klingel – gibt es übrigens bei IKEA.*« usw.

Mit diesem Spiel werden geschickt sozialisierte Kreativitätsblockaden umschifft – ohne dass dies den Teilnehmenden recht bewusst werden will. Der absurd erscheinende Nonsenscharakter der Phantasiewörter unterläuft die psychischen Abwehrstrukturen. Auch Personen, die sich selbst als völlig unkreativ bezeichnen, können nun plötzlich frei phantasieren – mit oft erstaunlichen Ergebnissen.

Eignung: »Brechstange für unverbesserliche Kreativitätsverweigerer«, sehr lustige Auflockerungsübung.

»Walking backwards into the future«

Auf dem Boden liegen Gegenstände in einer Reihe, die der erzählende Teilnehmer nicht kennt und aufgrund des »Rückwärtsganges« zunächst auch nicht sieht. Der Teilnehmer geht nun langsam rückwärts und erzählt dabei eine Geschichte. Kommt ein Gegenstand in sein Blickfeld, muss dieser ihn in seine Geschichte »einbauen«. Die Geschichte endet mit dem letzten Gegenstand.

Variation

Es müssen nicht unbedingt die Gegenstände selbst eingebaut werden, sondern Sie werden nun freier, als »assoziatives Sprungbrett« verwendet. So kann eine auf dem Boden liegende CD den Erzähler beispielsweise dazu inspirieren, die Hauptfigur seiner Geschichte in die Disco gehen zu lassen.

Eignung: Eine Übung, die Improvisationsspielern vor allem eines verdeutlichen soll: nämlich dass sie »rückwärts«, ohne vorauszuplanen vertrauensvoll voranschreiten sollten, denn alles, was sie für ihre Geschichte benötigen, liegt (hier gegenständlich auf dem Boden) in der Vergangenheit der Geschichte.

Dies braucht lediglich »aufgegriffen (wahrgenommen) und weiterverarbeitet« zu werden.

Darüber hinaus können die Seminarteilnehmer hier trainieren, flexibel unerwartete Ideen anzunehmen und zu integrieren. Üben von Kreativität in Stresssituationen. Zusammenhänge zwischen Ängsten vor Fehlern, Verantwortung und Kreativitätsblockaden verdeutlichen.

Das durch den Solo-Auftritt entstehende Lampenfieber bei dieser Übung kann vom Trainer auch als simulierte Belastungssituation eingeführt werden, vergleichbar zum Stress in Alltagssituationen, in denen unter unvorhersehbaren Umständen schnell Entscheidungen getroffen werden müssen oder Präsentationen durchgeführt werden müssen. Denn oft erzeugt gerade das Agieren unter Beobachtung Kreativitätsblockaden.

Die Übung kann auch als *creative summary* mit Präsentationscharakter beim Ausklang von Seminaren eingesetzt werden: Verwendung von Gegenständen, die inhaltlichen Seminarbezug haben. Nach dem Motto: »Was erzähle ich meinen Kollegen vom Seminar ...«

Blick auf die Hinterbühne

TOI aus erwachsenenpädagogischer Sicht

»Stoooooooooooopp!… sind Sie am Ende? … dieses Buches – versteht sich. Sorry! Aber im Ernst: Haben Sie etwa bis hierher durchgelesen ohne ein einziges Mal laut ›Stopp!‹ zu rufen? Oder haben Sie sich einen bequemen Szenenwechsel gegönnt und die pädagogischen Hintergründe und Begründungen sind für Sie der Einstieg in das Buch? Wie auch immer: Hier können Sie diejenigen Hintergründe und Begründungen finden, die der Autorengruppe eingefallen sind. Vielleicht haben Sie sich beim Lesen der Texte dieses Buches – wie die Autorin und Autoren beim Arbeiten mit der TOI und beim Schreiben dieses Buches – folgende Fragen gestellt: Was steckt pädagogisch hinter der TOI? Warum ist TOI eine sinnvolle Form, um Lernprozesse zu gestalten? Was macht die Aktualität der TOI unter den gegenwärtigen Lernbedingungen aus?

Wenn Sie also solche oder ähnliche Fragen bewegen, gibt es hier die Gelegenheit, einen kurzen Blick auf die ›Hinterbühne‹ der TOI zu werfen: die TOI aus erwachsenenpädagogischer Sicht!«

Von Veränderungen und veränderten Fähigkeiten

Orthey 1998

Heutzutage erleben wir gesellschaftliche Veränderungsdynamiken in neuer Qualität. Sozialwissenschaftler beschreiben diese mit den Etiketten »Individualisierung«, »Reflexivität«, »Technologisierung«, »Globalisierung«, mit der Verkürzung von Halbwertszeiten der Produkt- und Veränderungszyklen, mit Beschleunigung, Entrhythmisierung und Risikozunahme.

Alles erscheint im Fluss, »nix ist mehr fix«. Unübersichtlichkeit und Unsicherheitszunahme, Sinnverdünnung und Orientierungslosigkeit sind die Folge. Möglichkeiten gibt es dadurch immer mehr, zugleich werden alltägliche und berufliche Entscheidungsprobleme prekärer und die Entscheidungsgrundlagen werden flüchtiger. Dennoch muss gehandelt werden. Im beruflichen Bereich richten sich die Erwartungen darauf, schneller, besser, kundenorientierter, problemadäquater und rationeller zu handeln. Das bringt die Akteure unter Druck. Zudem können sie ihre Orientierungen und Sicherheiten immer weniger aus fachlichen Wissensbeständen speisen. In nahezu allen Arbeitsbereichen übernimmt der Computer immer mehr die trivialen, also alle einer Wenn-dann-Logik gehorchenden Tätigkeiten. Den Menschen verbleiben dann – sofern sie noch arbeiten – die nicht-trivialen Tätigkeiten, also all das, was unvorhersehbar ist, was unplanbar, überraschend, unbestimmt und nicht kalkulierbar ist. Sie werden gebraucht, um das zu tun, was neu ist, sich nicht schematisieren lässt, was gestalterische, kommunikative und kreative Entwicklung benötigt. Das beinhaltet, dass beispielsweise berufliche Handlungsprobleme sich immer weniger scharf und klar darstellen. Diese Situationen sind komplex, uneindeutig und von hohen Unsicherheitsniveaus gekennzeichnet. Das Problem ist nicht eindeutig zu erfassen und deshalb ist es den Akteuren nicht möglich, ihr auf eindeutige Problemsituationen zentriertes Wissen einer technokratischen Ausbildungsrationalität, die auf Vorrat ausbildete, zur Anwendung zu bringen. Die Vorratskammern sind voll, aber der Nutzen der Vorräte hat sich umgekehrt: fettleibig geworden und vollgestopft mit Wissen verhungern wir situativ.

Die Passung zwischen Wissen/Kompetenz und Situation stimmt nicht mehr. Das Problem muss zunächst einmal durch einen Prozess der Problemdefinition »geschaffen« und formuliert werden, um die Voraussetzungen für ein kompetentes, »problemadäquates« Agieren sicherzustellen. Da diese Problemstellung eine Konstruktionsleistung der handelnden Akteure, beispielsweise einer Führungskraft ist, ist sie vorläufig. Es geht nun darum, sie im Prozess der Problembearbeitung weiterzuentwickeln. Das heißt, dass die handelnden Akteure sich selbst, den Prozess und das Problem beobachten und reflexiv zu Modifikationen oder Neuformulierungen des Problems kommen müssen. Die Reflexionsfähigkeit wird damit zur zentralen Kernkompetenz. Denn nur durch die Reflexion der Handlungserlebnisse entwickelt sich die Problemdefinition im Prozess weiter. Aus diesem Zyklus von Aktion–Reflexion–Reformulierung–Aktion usw. gibt es kein Entkommen – und unter den angenommen Bedingungen gibt es dazu auch keine Alternative.

STOPP! Welche Funktion kann die TOI in diesem Zyklus haben?

s. S. 65
Perspektiven erkunden:
Einleitung in die TOI

Dadurch entwickeln sich im Gegensatz zum allgemeinen Wissen eher individuelle, situations- und kontextspezifische, lokale Wissens- und Kompetenzbestände. Diese werden durch reflektierte Handlungen aufgebaut und weiterentwickelt, indem diese Handlungen in den professionellen Erfahrungszusammenhang integriert werden.

Die Kompetenzentwicklung für solche Handlungsbedingungen benötigt eine neue, veränderte Ausrichtung. Es gilt nicht mehr ein allgemeines Vorratswissen aufzubauen, das bei Bedarf angewendet wird. Vielmehr werden Fähigkeiten benötigt, die es erlauben, ohne klare Vorgaben angemessen zu agieren, widersprüchliche Situationen selbstständig zu meistern, mit Ambivalenzen und Paradoxien zurechtzukommen. Dazu braucht es ein sensibles Wahrnehmungsvermögen, es wird die Fähigkeit benötigt, eine Situation in ihrer Komplexität und Vielschichtigkeit zu erfassen, sie zu erspüren und zu entschlüsseln. Nötig sind dazu Intuition und Phantasie, Bereitschaft und die Möglichkeit, Neues zu entdecken, Unperfektes zu ertragen und zu integrieren und plötzliche auftauchende Alternativen spontan zu nutzen. Dies kann zu einem Balanceakt werden zwischen Nähe und Distanz, Autonomie und Abhängigkeit, zwischen Ganzem und Details, zwischen Sache, Beziehungen und eigenen Anteilen. Um dies zu bewältigen muss gelernt werden, *wie* man es lernt, sich ohne feste Vorstellungen und Erwartungen dem Unbekannten anzunähern, es zu beobachten, sich damit vertraut zu machen, um dann herauszufiltern, was die Situation, die Sache, die Interaktionsbeziehung oder die beteiligten Menschen nun tatsächlich brauchen. Gelernt werden muss auch, dies selbstständig und eigenverantwortlich selbstorganisiert anzugehen und durchzuführen.

Wem dies schon eher nach künstlerischem Spiel oder verspielter Kunst klingt, der oder die ist ziemlich nahe dran an dem, was gemeint ist und an dem, was unter den derzeitigen dynamischen Veränderungsbedingungen für professionelles Handeln benötigt wird. Dieses Handeln erfordert Fähigkeiten, die auch in der Theaterarbeit wichtig sind. Deshalb eignet sich die Theaterform in besonderer Weise zur Entwicklung von Fähigkeiten, die heutzutage für professionelles Agieren zentral sind.

Vom Möglichkeitssinn

Unter den dargestellten Bedingungen ist die Themenorientierte Improvisation aus erwachsenenpädagogischer Sicht eine interessante Form zur Gestaltung von Lehr- und Lernprozessen. In den unterschiedlichen Varianten und

Anwendungsmöglichkeiten, die in diesem Buch vorgestellt werden, ist sie darauf zentriert, etwas für das Lernen zugänglich, zunächst: sichtbar und erlebbar zu machen, was vorher verstellt, unerkannt, unbedacht, unsichtbar war. Sie erschließt neue, andere Möglichkeiten. Sie fördert damit das, was Robert Musil in seinem Roman »Mann ohne Eigenschaften« so zutreffend als »Möglichkeitssinn« bezeichnet hat. Dieser lässt sich definieren als die Fähigkeit, »*alles, was ebenso gut sein könnte, zu denken und das, was ist, nicht wichtiger zu nehmen als das, was nicht ist*«. »*Ein solcher Mann*«, so Musil, der sicher auch Frauen im Sinn hatte, »*ist keineswegs eine sehr eindeutige Angelegenheit. Da seine Ideen (…) nichts als noch nicht geborene Wirklichkeiten sind, hat er natürlich auch Wirklichkeitssinn; aber es ist ein Sinn für eine mögliche Wirklichkeit (…)*«.

Jemand, der die gewöhnliche Form des Wirklichkeitssinns besitzt, gleicht laut Musil »*einem Fisch, der nach der Angel schnappt und die Schnur nicht sieht, während der Mann mit jenem Wirklichkeitssinn, den man auch Möglichkeitssinn nennen kann, eine Schnur durchs Wasser zieht und keine Ahnung hat, ob ein Köder daran sitzt*«.

Geisslinger 1999

Diese Form des Wirklichkeitssinns fördert die TOI bei ihren Teilnehmenden. Sie erschließt neue Möglichkeiten und deren Sinn für die sinnvolle Gestaltung anschließender Wirklichkeiten. Dass sie dies kann, hängt damit zusammen, dass sie das Medium wechselt: von der Sprachlichkeit und deren bekannter und anerkannter, aber auch einschränkender Form wechselt sie in die szenisch darstellende Form, in die Inszenierung. Dadurch entstehen andere Sichtweisen. Diese Sichtweisen werden aus dem spielerischen Umgang mit dem Thema generiert. Die Teilnehmer einer TOI können diese nahezu jederzeit erweitern, umdeuten oder verändern. Die Möglichkeitshorizonte, die das auf der Bühne inszenierte Thema bei den Teilnehmenden eröffnet, werden wirklichkeitsrelevant: erst auf der Bühne in der Szene, dann (hoffentlich) auch dort, wo anschließend Wirklichkeiten im beruflichen Kontext verändert werden. Die TOI inszeniert Wirklichkeiten, wie sie *auch* möglich wären – oder wie sie auch anders möglich sein könnten. Sie macht Möglichkeiten des »Auch-anders-sein-Könnens« sichtbar, indem sie diese in Szene setzt. Das lässt es zu, das Anderssein zu reflektieren und es vielleicht sogar: zu wählen. Und diese Wahl kann zur tragfähigen Grundlage für das nachfolgend notwendige Handeln gemacht werden.

s. S. 91
Theaterlabor

STOPP! Wie kann ich mir das – die Inszenierung von Wirklichkeiten – an einem praktischen Beispiel vorstellen?

Von Beobachtern und Wirklichkeitskonstrukteuren

Damit korrespondiert die TOI mit einer konstruktivistischen Sicht der *Welt* und des Lernens in dieser und für diese Welt. Kurz gesagt: Die Welt ist Konstruktion von Beobachtern und damit ist die Sicht der Welt, das Beobachtungsergebnis abhängig vom Standort der Beobachtenden und von den Unterscheidungen, die diese benutzen. Deshalb sieht die Welt von jedem Beobachterstandort anders aus und wird von dort aus auch anders konstruiert. Es gibt also nur beobachterabhängige Ausschnitte der Welt. Mein Blick auf die Welt ist also beispielsweise davon abhängig, auf welcher Sprosse einer Leiter ich als Beobachter stehe. Und er hängt auch davon ab, welche hoch/tief- und oben/unten-Unterscheidung ich benutze. Schlicht gesagt: die Welt sieht für einen Gerüstbauer anders aus als für einen Menschen, der zeitlebens mit Höhenangst zu kämpfen hat. Beide nehmen die Welt unter ihrer (gleich hohen) Leiter sehr unterschiedlich wahr und sie konstruieren sie verschieden. Die Themenorientierte Improvisation bietet ganz unterschiedliche Beobachtungsmöglichkeiten auf Wirklichkeitskonstruktionen, die theatral inszeniert werden. Sie kann den Gerüstbauer in seiner Souveränität sichtbar machen und auch das, was er sieht und sie kann auch darstellen, wie der gleiche Ausschnitt sich für den Menschen mit Höhenangst darstellt – und, wie es ihm oder ihr dabei ergeht. Sie bietet – im oben beschriebenen Bild – unterschiedliche Leitern (an verschiedenen Standorten) an, um einen bestimmten Ausschnitt der Welt in Blick zu nehmen. Nicht eine, sondern mehrere. Und sie bietet auch Möglichkeiten an, um den Unterscheidungen, die zu diesen Konstruktionen führen, auf die Spur zu kommen, z.B. durch Befragungen der Akteure.

Das ist aber nicht alles, was sie erwachsenenpädagogisch interessant macht. Denn die TOI bietet auch Möglichkeiten, mit anderen (als den bekannten) Unterscheidungen zu experimentieren. Sie kann dem Gerüstbauer Höhenangst machen und Höhenängstliche sich souverän in schwindelnde Regionen bewegen lassen. Die Teilnehmenden können damit anders beobachten, wie sich die Sicht der Welt im Ausschnitt, der dargestellt wird (der »Semirealität«), verändern könnte, zum Beispiel durch Anweisungen an die Spieler bzw. durch Introspektion. TOI ist insofern ein erwachsenenpädagogisches Unterscheidungsexperiment, das die Sensibilität für die Beobachtung und Gestaltung von Wirklichkeitskonstruktionen erhöhen kann, indem der Möglichkeitssinn weiterentwickelt wird.

Geisslinger 1999

Dies ist heutzutage in betrieblichen Zusammenhängen hilfreich, denn die Komplexität und die Ungewissheit (und häufig auch: die Unwissenheit) nehmen zu und die Selektionsschwierigkeiten, um angemessen und professionell zu handeln, werden damit größer. In einer Lernperspektive geht es darum, Handlungsalternativen zugänglich zu machen, um sich auf die Umstände der verschiedenen möglichen Situationen einzustellen. Den Umgang mit verschiedenen Situationen, die unterschiedliche Anforderungen an uns stellen, kann man lernen, indem man Menschen mal in diese, mal in jene Situation bringt und die gezeigten Verhaltensweisen mit ihnen reflektiert und im Hinblick auf ihre jeweilige tatsächliche Realität auswertet. Solche Lernprozesse setzt die TOI in Gang, indem kleine »Überfälle auf die Wirklichkeit« arrangiert und deren Folgen bearbeitet werden.

Handlungsalternative zugänglich machen

STOPP! Wie sieht so ein TOI-arrangierter »Überfall auf die Wirklichkeit« aus und vor allem, wie werden dessen Folgen bearbeitet?

*s. S. 105
Rückkehr*

TOI-Interventionen als systemtaugliche Irritationen

Wenn in einem konstruktivistischen Sinne unsere Deutungsmuster für unsere Sicht der Realität verantwortlich sind, dann kann Wandel zunächst »nur in den Köpfen stattfinden«. Das bedeutet, dass sich TOI-Interventionisten mit der Veränderung von Deutungsmustern (und das sind auch ihre eigenen) zu beschäftigen haben. Das so genannte »Management mentaler Modelle« ermöglicht auf der Basis von Freiwilligkeit und Eigenverantwortlichkeit reflexive Lernprozesse, die zu einer Veränderung oder Erweiterung von festgefahrenen Deutungsmustern und Interpretationsgewohnheiten anregen sollen.

Diese konstruktivistische Auffassung der Welt hat auch Auswirkungen auf das Interventions- und Steuerungskonzept für diese Welt und ihre Systeme.

Arnold 2000, S. 65 ff.

Grundsätzlich kann es vor diesen Hintergründen nur »nicht-trivial« sein. Das bedeutet – und dies gilt auch für die TOI – die Verabschiedung von einfachen Ursache-Wirkung- oder Input-Output-Hoffnungen. Die Alternative dazu sind nicht-trivial angelegte Interventions- und Steuerungskonzepte. Diese tragen der Selbststeuerung lebendiger Systemstrukturen (Autopoiesis) Rechnung. Ein solches nicht-triviales Steuerungsverständnis strebt die »Perturbation autopoietischer Systeme« – so der systemtheoretische Fachjargon – an. Das heißt, dass der steuernde »Eingriff« als eine systemangemessene Störung, bzw. als Irritationsimpuls verstanden wird. Dieser hat einzig die Funktion, das derart irritierte System zur Selbststeuerung anzuregen.

»Wenn irritierte Leserinnen und Leser jetzt weiterlesen, dann erfahren sie die Bedeutung dieser Theorie.«

Dies Steuerungsverständnis bedeutet zunächst einmal, dass die beabsichtigte Intervention aus der aktuellen Situation des intervenierten Systems – einer Person, einer Gruppe oder einer Organisation – heraus entwickelt wird. Solche »systemisch« ausgerichtete Interventionen verwenden insofern viel Zeit und Sorgfalt auf die Befragung des Systems und auf die Rekonstruktion des Problems und seiner Hintergründe. Einerseits sind diese Aktivitäten häufig bereits Teil der »Lösung«, andererseits stellen sie sicher, dass das System mit dem Eingriff auch etwas anfangen kann.

*Königswieser/
Exner 1999*

Dies alles geschieht nicht sehr »straight«, sondern eher im umwegigen und umtriebigen Stil der fernsehbekannten Kommissarlegende Inspektor Colombo. Dieser agiert – vordergründig selbst irritiert und überfordert – wie ein Schwamm. Er taucht in das Milieu ein und wartet auf das, was er mitbekommt. Und das, was er gezielt oder zufällig wahrnimmt, saugt er vollständig auf. Denn er weiß (wie andere systemische Interventionisten auch) noch nicht, was wichtig, was kritisch, was relevant ist. Colombo agiert in einem ungerichteten Bewusstsein. Beide – Kommissar und TOI – versuchen, möglichst viele verbale und nonverbale Vorgänge aufzunehmen, diese immer wieder miteinander in unterschiedliche Beziehung zu setzen, so lange bis Muster und Einsichten deutlich werden. Wenn dann erste Relevanzfilter für die Unterscheidung wichtigen und unwichtigen Wissens zur Problemlösung entstehen, dann war Colombo schon mehrfach am Ort des Geschehens und hat interveniert. (Be-)Fragend hat er (wie seine TOI-Kollegen auch) bereits Spuren im System hinterlassen: Irritation und Verunsicherung, vielleicht sogar Verärgerung. Bereits in dieser Phase ahnt das intervenierte System etwas davon, wie es sich selbst helfen könnte (hier fallen wir aus der Colombo-Analogie heraus: denn bei ihm ahnt das System, dass es durchschaut wird). Denn es wird irritiert.

Systemische Steuerfrauen und Steuermänner intervenieren daraufhin, dass das System durch die Irritationszumutungen, die sie vermitteln, das eigene Spiel erkennt und deshalb beginnt, damit anders umzugehen als bisher. Das bedeutet, dass die Störung – zum Beispiel durch die TOI – das System (beispielsweise ein Team) mit der Möglichkeit ausstattet, zu sich selbst in Distanz zu gehen und zu reflektieren, sich also die Unterscheidungen anzuschauen, auf deren Grundlage die Ereignisse (auf die sich die TOI bezieht) zustande gekommen sind. Das ermöglicht Klarheiten und andere, neue Unterscheidungen. Es bedeutet aber immer auch Irritation. Diese zwingt das System in Distanz zu seiner eigenen bisherigen Selbstbeschreibung. Genau diese Distanz ist die notwendige Grundlage für Denkmöglichkeiten alternativer Optionen und damit: für Veränderungen. Die TOI als systemische Intervention macht dem System andere Vorstellungen über die eigenen Wirklichkeitskonstruktionen und Selbstbeschreibungen zugänglich. Aus der Unterscheidung zwischen der eigenen und der fremden Sicht kann dann das System Entwicklungsimpulse ableiten, die ein schöpferisches, kreatives und veränderungsrelevantes Verhalten zulassen. Das steigert die Problemlösungskapazitäten und die Perspektivenvielfalt im Hinblick auf mögliche Handlungen.

*Königswieser/Exner/
Pelikan 1995, S. 54f.*

Das System wird damit durch eine TOI mit sich selbst konfrontiert. Das ermöglicht neues, anderes Verstehen und besonders: das eigene Verstehen zu verstehen.

Die systemtauglichen Irritationen der TOI zwingen das System, die eigene Realitätsbeobachtung in Frage zu stellen und diese Infragestellung zu verarbeiten. Ergebnis kann die Identifikation von Mustern bzw. Musterbildung sein, die für das System und seine Weiterentwicklung deshalb hilfreich ist, weil es zukünftig darauf zurückgreifen kann und mehr Möglichkeiten hat, um situationsangemessen zu agieren. Die systemisch ausgerichtete TOI entwickelt insofern Selbststeuerungsmöglichkeiten weiter. Denn: »Das System spielt nur seine eigene Melodie und kann nur seine eigene Musik hören.« Aber daraus– und nur daraus – kann etwas gelernt werden!

Zwischenfrage: Was heißt eigentlich Lernen?

Lernen ist zunächst ein Veränderungsmodell. Seine Attraktivität gewinnt dieses Modell dadurch, dass es Sinnstiftungen verheißt: sowohl individuell als auch gesellschaftlich. Dies ist immer dann eine häufig nachgefragte Leistung, wenn sich Sinngehalte – wie eingangs skizziert – im Modernisierungsprozess verflüchtigen. Lernen macht immer wieder neu Sinn zugänglich. Es vermittelt die Vorstellung, wie anstehende Entscheidungen oder Probleme besser gelöst werden könnten. Das macht Lernen für Individuen und auch für Organisationen unter Steuerungs- und Ordnungsaspekten so attraktiv. Diese Zuschreibungen und Hoffnungen führen zu einer allseits beobachtbaren Pädagogisierung von Problemen – sogar die Punkte in der Flensburger Verkehrssünderkartei können durch den Besuch eines Seminars, also durch eine Lernanstrengung reduziert werden. Lernen ist – wie die Liebe auch – ein Erklärungsprinzip, das heißt, sie erklären sich selbst: »Ich liebe dich« oder auch: »Ich habe das jetzt gelernt« sind Sätze, die keiner weiteren Erklärung mehr bedürfen. Mit ihnen ist alles erklärt. Solche Erklärungsprinzipien haben in erster Linie die Funktion, neugierige Fragen zu verhindern und die Beobachter zu beruhigen, indem sie die Illusion des Wissens vermitteln.

Simon 1993

Damit ist Lernen als Veränderungsmodell erklärt, aber noch nicht das, was beim Lernen geschieht. Was passiert, wenn »wir lernen«?

Lernen können wir nur das, was wir überhaupt wahrgenommen haben und das ist nur etwas, was für uns in irgendeiner Form Bedeutung hat. Unser individueller Hintergrund bestimmt dabei, welchem Aspekt wir besondere Bedeutung beimessen. Deshalb gibt es keine objektive, also personunabhängige Wahrnehmung und somit auch kein personunabhängiges Lernen. Es gibt keinen allgemeingültigen Weg, kein Rezept, der das Lernen garantiert. Denn Lernen kann nur jede Person selbst. Man kann weder für einen Anderen lernen, noch Lernen erzwingen. Lernen ist ein aktiver Vorgang, der die *Bereitschaft* des Lernenden voraussetzt. Der Seminarleiter kann »nur« die Situationen gestalten, die dem Individuum *sein* Lernen ermöglicht. Eine solche Ermöglichungsform, um lernen zu können, ist die TOI.

Es ist die Aufgabe der Leitung, abgestimmt auf die Bedingungen der Weiterbildungsveranstaltung (Thema, Zielgruppe und Rahmenbedingungen), geeignete Lernarrangements zu schaffen, die den Teilnehmenden das Lernen ermöglichen. Im Verlauf der Veranstaltung kann sie dann den individuellen und den kollektiven Lernprozess der Gruppe konstruktiv begleiten.

Damit der Einzelne sich wirklich auf eine Lernsituation einlassen kann, muss das Setting der Veranstaltung stimmen. Die Teilnehmenden kommen in eine Seminarsituation, nehmen Bekanntes und Neues wahr. Das Bekannte verschafft Orientierung und Sicherheit. Das Neue ist unbekannt oder zumindest anders als es erwartet und deshalb irritierend. Stellt das Neue das gesamte Vertraute in Frage, droht den Teilnehmenden, den für sie wichtigen, sicheren Boden unter den Füßen zu verlieren. Ist die Bedrohung zu groß, wird es ihnen nicht gelingen, sich auf das Neue einzulassen. Sie reagieren mit Abwehr, da sie das Wenige, was ihnen noch an Sicherheit geblieben ist, verteidigen müssen. Es wird ihnen in dieser Situation nicht nur die Bereitschaft, sondern auch die Fähigkeit fehlen, sich auf eine wirkliche Auseinandersetzung einzulassen. Bietet aber der Rahmen des Seminars oder der Veranstaltung (Methode, Atmosphäre in der Gruppe, Leitung) genügend Sicherheit, indem eine angstfreie Interaktionsatmosphäre unterstützt wird, kann das Neue als interessant und spannend empfunden werden. Darauf lassen sich die Teilnehmer in der Regel gerne ein. Ein solches Lernarrangement, das eine Balance von Gewohntem und Neuem ermöglicht, stellt die TOI dar.

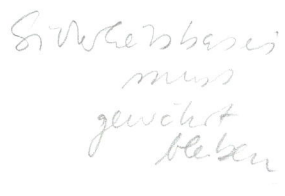

STOPP! Wie wird bei der TOI eine geeignete Lernumgebung gestaltet?

s. S. 111
Blick hinter die Kulissen: Vertrauen, Unbefangenheit und Spaß

Lernprozesse sind nicht nur vom sachlichen Inhalt abhängig. Sie sind besonders fruchtbar, wenn neben der kognitiven Auseinandersetzung mit dem Seminarthema, die emotionale Perspektive der Einzelnen auf das Thema und auf das eigene Lernen berücksichtigt und für den Lernprozess genutzt wird. Bei der TOI gehört die Berücksichtigung der unterschiedlichen Lernebenen zum Grundverständnis des Lernens. Im Seminar werden zwar fiktive Szenen bearbeitet, aber die Emotionen, die dabei entstehen, sind die der Beteiligten und somit real. Sie ermöglichen jedem Einzelnen und der Gruppe einen intensiven Lernprozess.

STOPP! Das mag zur pädagogischen Begründung ausreichen. Mir fehlt aber ein konkretes Lernmodell!

s. S. 24
Dreistufenmodell des Lernens

Auf der Ebene des sozialen Interaktionssystems der Gruppe regt die TOI einen kollektiven Lernprozess an. Dabei lernen die beteiligten Einzelpersonen, aber es lernt auch die Gruppe – und dieses Lernen ist mehr als die Summe der individuellen Lernprozesse. Eine Gruppe kann – initiiert durch die Spiegelungen der TOI – beispielsweise ihre Muster der Kommunikation oder ihre Entscheidungsverfahren erkennen, diese für das weitere Gruppenleben konservieren und zugänglich halten. Dieser kollektive Lernprozess wird durch die TOI-Szenen angeregt, indem die Gruppe mit möglichen Bildern ihrer selbst konfrontiert wird und dann daran reflexiv weiterarbeiten kann. Dieser Lernprozess wirkt als reflexiver Mechanismus im System, denn er kann – zum Beispiel in der Metakommunikation – immer wieder aktiviert werden und es kann auf seine bisherigen Ergebnisse – zum Beispiel in der Konfliktbearbeitung – zurückgegriffen werden.

s. S. 106
Nachhall

STOPP! Mich interessiert ein konkretes Beispiel für einen solchen kollektiven Lernprozess.

Erlebnisse werden durch Reflexion zu Erfahrungen

Da bei einem Menschen die persönliche Erlebnisweise seine Wahrnehmung steuert, ist das, was der Mensch als Erlebnis wahrnimmt, höchst individuell. Ein Erlebnis enthält für das Individuum einen Anlass zur Reflexion. Es ist noch nicht die Reflexion selbst, aber es ist die Voraussetzung für eine Auseinandersetzung. Erlebnisse sind somit mehr als zufällige Ereignisse, sie heben sich durch das »Bedeutsam werden« für den Einzelnen aus dem alltäglichen Lebensvollzug heraus. Sie sind Anlass für eine genauere Wahrnehmung und für eine Reflexion. Bollnow beschreibt den Charakter eines Erlebnisses als in sich selbst ruhend und über sich selbst nicht hinausweisend. So ist begründet, dass Erlebnisse, im Gegensatz zu Erfahrungen, wiederholbar sind, da sie »keine bleibende Veränderung des betreffenden Menschen bewirken«.

Bollnow 1968,
S. 228

Der Mensch erinnert sich lediglich an sie, aber er ist durch sie nicht »anders geworden«.

Erfahrungen sind dagegen seltener als Erlebnisse. Sie sind von ihrem Charakter her einmalig. Daher können sie nur bestätigt, aber nicht wiederholt werden. Während Erlebnisse, wie oben beschrieben, lediglich Anlässe zur Reflexion sind, so sind Erfahrungen das Ergebnis von reflektierten Erlebnissen. Eine Erfahrung bildet sich in einem Prozess der Distanzierung und Reflexion des Erlebnisses. Mit ihr erlangt der betreffende Mensch einen Zugewinn. Er hat durch die Erfahrung für sich etwas dazugelernt, was er zuvor nicht wusste. Der Mensch hat sich somit etwas Neues erarbeitet, was über die konkrete Situation hinaus Bedeutung hat. Das Erlernte ist auf einer übergeordneten Ebene für das Individuum von Bedeutung: es macht Sinn! Die Erfahrung ist Teil seiner Person geworden. Aus dieser kann er in Zukunft schöpfen, das Gelernte nutzen. Er hat die Erfahrung in seiner Persönlichkeit verinnerlicht. Durch sie hat der Mensch einen Schritt in seiner Persönlichkeitsentwicklung getan. Das Ziel geplanter Lernprozesse ist, dass die Teilnehmenden durch Distanzierung und Reflexion Erlebnisse zu Erfahrungen verarbeiten können.

Die Flexibilität in der Gestaltung von Lernsituationen, welche die Themenorientierte Improvisation bietet, ermöglicht den Beteiligten, ihre individuellen Wege der Erfahrungsbildung zu gehen. Das TOI-Lernarrangement bietet eine optimale Grundlage für effektive, individuell gestaltbare Erfahrungsbildungsprozesse. Das Lehr- und Lernsystem der TOI ermöglicht Erfahrungsbildungen in der Sach-, der Zeit- und der Sozialdimension. Und diese Erfahrungen erweitern den Sinn-, den Wissens- und Deutungsbestand von Personen und Gruppen. Sie erhöhen damit die Anschlussmöglichkeiten in den Fällen, in denen gegenwärtige oder zukünftige beruflich-betriebliche Arbeitsereignisse mit der aktualisierbaren Erfahrung aus dem TOI-Prozess korrespondieren. – Es wird gelernt!

Erfahrungsbildungsprozesse

STOPP! Wie sieht eine solche Erfahrung während einer TOI aus?

*s. S. 113
Blick hinter die
Kulissen: Teilnehmende
als »Coach«*

Bildung durch Bilder

Eine erwachsenenpädagogisch interessanter Aspekt ergibt sich aus der Bildhaftigkeit der TOI. Menschen stellen sich die Welt in Form von Bildern vor. Gemeinsam mit anderen Menschen besetzen sie aber auch Bilder, werden also Teil von Bildern. Jeder ist sowohl Betrachter als auch Bildinhalt. Der Mensch verschmilzt mit seinen Bildern. Er betrachtet sie nicht nur, er lebt in ihnen und tritt in sie ein. Im Internet beispielsweise wird der User, der »Surfer«, als Betrachter zum Teil des Bildes. Der Handlungsraum wird zum »Bildraum«.

Bolz 1991, S. 100

Lehr- und Lernprozesse mit TOI-Elementen können damit als Versorgungsleistungen des Menschen im Hinblick auf seine Bildbedürftigkeit verstanden werden. Gleichzeitig werden auch Deutungsleistungen von Bildern ermöglicht. TOI-Lernprozesse stellen Bildräume dar, die der Mensch betrachtet und in denen er agieren kann. Sie liefern ihm Bilder und Deutungen dieser Bilder, zu denen er gleichzeitig selbst dazugehört. TOI-Szenen ermöglichen dem Menschen auch das Eintreten in die Bilder selbst. Er kann sie anschauen, aber er oder sie kann auch in sie hineintreten, sie verändern, mit- oder umgestalten. Der Mensch wird zum Teil der Bilder, die er sieht, bzw. die er gerne sehen möchte. Er tritt in diejenigen Bilder ein, die ihm eine Vorstellung, eine Verortung seines Bildes von sich selbst in dem Bild ermöglichen, das er von seiner Umwelt hat – wortspielerisch zugespitzt: Bildung durch Bildung von Bildräumen.

Über diese Erfahrungen mit und in Bildern können Menschen durch die TOI bildhaft individuelle und kollektive Erfahrungen gewinnen – wir nennen dies die Bildhaftigkeit kollektiver Erfahrungsgestaltung.

*Orthey 1999,
S. 169f.*

*s. S. 67
Blick hinter die
Kulissen: Metaphern*

STOPP! Zu abstrakt! Mich interessiert dazu ein konkreter TOI-Bildraum.

Lernen mit sprachlichen und körperlichen Ausdrucks- und Verhaltensweisen

Wenn in einer Lehr-/Lernveranstaltung methodisch ausschließlich mit Methoden *verbaler* Kommunikation gearbeitet wird, werden viele Lernpotenziale nicht genutzt. Die thematische Auseinandersetzung findet nur an der sprachlich formulierten Oberfläche statt, »tiefere« Ebenen des Problems bleiben häufig unberührt. Die Lernenden bleiben dann in ihrem Lernprozess auf der Ebene der *Erlebnisse*, aber sie bilden keine *Erfahrungen*. Wie weit sie in diesem Fall das Neue in ihr alltägliches Denken und Handeln integrieren könnten, bzw. sich dieses verändern würde, bleibt fraglich.

Im Gegensatz dazu legt die TOI Wert auf einen *ganzheitlichen Lernprozess*. Sie nimmt die Erkenntnis ernst, dass Menschen vor allem dann erfolgreich lernen können, wenn beide Anteile berücksichtigt werden, die für Erfahrungsprozesse nötig sind: die kognitiven *und* die emotionalen. TOI basiert auf theaterpädagogischen Methoden, die es den Einzelnen und der Gruppe ermöglichen, bei der Auseinandersetzung um Fachfragen diese beiden Ebenen im Lernprozess zu beachten und zu nutzen. So fordert und fördert TOI als Erlebnis- und Erfahrungsmedium den ganzen Menschen.

 *ganzheitig*

STOPP! Welche Methoden sind das denn zum Beispiel?

s. S. 38 f.
Introspektions-
techniken

Die TOI wird häufig eingesetzt, um Kommunikationsformen von Organisationen zu überdenken und gegebenenfalls zu verändern. Besonders in diesen Themengebieten sozialer Interaktion reicht die Begriffssprache nicht aus. Mit ihr allein lassen sich komplexe sinnlich-körperliche und emotionale Erlebnisse nicht angemessen symbolisieren. Es bedarf präsentativer Symbole. Diese Symbole können sinnliche und emotionale Anteile in eine kommunizierbare Form bringen.

Scheller 1998, S. 25;
Langer 1984

Somit können auch unbewusste Wahrnehmungs-, Denk- und Verhaltensmuster thematisiert und reflektiert werden. Deshalb ist die Berücksichtigung der beiden Ebenen des Lernens unverzichtbar.

Bei der TOI werden nicht nur Themen szenisch entwickelt und dargestellt, sondern auch mit allen Teilnehmenden in einem Prozess bearbeitet. Die Grundidee ist dabei, dass die Teilnehmenden ihre eigenen Erlebnisweisen und Emotionen in den Interpretations- und damit in den Lernprozess einbringen. Es wird nicht nur mit der Symbolisierungsform »Sprache« gearbeitet, sondern Emotionen, Körperhaltungen und Perspektiven im Raum werden bewusst als Erlebnis-, Erfahrungs- und Kommunikationsmedium genutzt.

Bei der TOI werden Situationen und Interpretationen in Bewegungen und Körperhaltungen der Schauspieler zum Ausdruck gebracht. Hier übernimmt die Körperhaltung die Funktion der symbolischen Äußerung, die helfen kann, Gedanken und Emotionen präziser zu visualisieren, als es dem/der Einzelnen mittels der Sprache möglich ist. Körperhaltungen sind zwingend klar. Es gibt keine »halbe« Körperhaltung. Deshalb lässt sich in Gruppen mit Körperhaltungen gut arbeiten: sie sind konkret, unmittelbar und erleichtern die konzentrierte Auseinandersetzung. Die Gruppe hat mit der Körpersprache ein sichtbares und leicht kommunizierbares Symbol für Reflexionsprozesse.

Körper. u. Ausdruck
ist
eindeutig!
eindeutig als
verbaler Ausdruck

Lernen an einer konkreten Szene

Die Teilnehmer können anhand von konkreten Situationen und Szenen über ihre unterschiedlichen Wahrnehmungen sprechen, persönliche Erlebnisse mit in die Diskussion einbringen, neue Handlungsmodelle ausprobieren oder durch die Schauspieler ausprobieren lassen und aus der Zuschauerperspektive ihre Wirkung miterleben. Dieses Miterleben von Handlungsverläufen berührt die Menschen unmittelbarer als Gespräche es tun. Je mehr Möglichkeiten es gibt, die Szene mit zu gestalten, also die Handlung vorzugeben, zu unterbrechen oder selbst – auf Wunsch – als Spieler mit zu gestalten, desto stärker sind die Teilnehmer auch kognitiv *und* emotional in die Szene einbezogen. All diese Möglichkeiten nutzt die TOI. Sie besteht aus einem großen Repertoire an Gestaltungsmitteln für die Teilnehmer.

s. S. 50
Blick hinter die
Kulissen: Tabuthemen

STOPP! Welche Gestaltungsmittel sind dies konkret?

Bei der TOI werden die zu bearbeitenden Inhalte in einzelne Szenen umgesetzt. Das hat einen entscheidenden Vorteil: Die Gruppe konzentriert sich auf überschaubare und bearbeitbare Teilaspekte des Themas. Alle Beteiligten erleben in der Szene konkrete Interaktionen, auf die sie sich in der Bearbeitung, zum Beispiel im Gespräch, beziehen können. Die Gruppe diskutiert nicht im »luftleeren« Raum, sondern hat ein Beispiel zur Hand, an dem sie die unterschiedlichen Sichtweisen diskutieren und ihr Thema somit konkret bearbeiten kann.

Das heißt aber nicht, dass die Auseinandersetzung durchgängig nur um die eine Szene kreist. In einzelnen Phasen arbeitet die Gruppe an diesen Beispielen. So kann sie beispielsweise in der Phase vor der konkreten Szene gemeinsam erarbeiten, welche typischen Phänomene des Themas relevant sind, damit die Szene das Thema wirklich »auf den Punkt« bringt.

Dabei und vor allem auch nach der Phase der Auseinandersetzung mit der konkreten Szene befasst sich die Gruppe mit der Generalisierbarkeit des Gelernten. Hierbei liegt ein Schwerpunkt auf dem Transfer der Erfahrungen in den Alltag der Gruppe und der einzelnen Seminarteilnehmer.

STOPP! Wie sieht das aus, wenn komplexe Handlungs-
zusammenhänge in konkrete Szenen auf der Bühne
umgesetzt werden?

s. S. 115
Training als
Nachbereitung der TOI

Erwachsene als Zielgruppe von TOI-Seminaren

Da Erwachsene, die an einem TOI-Seminar in ihrer Organisation teilnehmen, bereits eine Identität ausgebildet haben, setzen sie bei der Auseinandersetzung mit neuen Gedanken viel »auf's Spiel«. Sie haben einen mehr oder weniger festen Stand im Arbeitsleben, sind klar positioniert. Wird nun ihr eigenes alltägliches Verhalten in der TOI thematisiert, dann ist eine hohe Sensibilität der Leitung und auch der Gruppe gefragt. Denn es steht mehr zur Debatte als die einzelne Situation. Oft steht hinter dem nach außen demonstrierten Verhalten die ganze Persönlichkeit als Mensch und die eigene Identität. Dieses Wissen macht verständlich, warum manche vermeintlich sachliche Diskussion so emotional und vehement geführt wird. Denn es geht dabei nicht nur um die nach außen sichtbare Fachlichkeit. Es kann um Fragen der eigenen (Erwerbs-)Identität, um Wertvorstellungen und Ängste gehen. Diesbezüglich wirkt TOI entlastend: Sie ermöglicht als Lernform die ästhetische Distanzierung von solchen persönlich-individuellen Konflikten, ohne diese dabei zu verdrängen. Um in solchen Lernsituationen aber nicht in persönlich verletzendes Fahrwasser zu gelangen, bedarf es einer hohen Methoden- und Gesprächsführungskompetenz der Leitung von TOI-Lernprozessen.

Über Risiken und Nebenwirkungen: Lernen an der Grenze zum Edutainment

Methodisch erlebnisorientiert angelegte Lernarrangements haben heute Konjunktur. Das liegt auch daran, dass Lernen generell im Trend liegt – gesellschaftlich, für die Betriebe und für die Individuen, die sich die Welt der Wissensgesellschaft als Wissensarbeiter zunehmend als eine »Lernwelt« erschließen (sollen). Lernen wird angesichts der Unübersichtlichkeit der Welt totalisiert. Keine Chance auf Lernentzug. Via Lernen werden die Entscheidungsprobleme und Zumutungen der Lebens- und Arbeitswelt kommunika-

Orthey/Orthey 2000

tiv angegangen. Lebenslänglich lernend sind wir unterwegs auf dem Weg von einer »belehrten zu einer lernenden Gesellschaft«.

Je mehr Lernen aber (über-)angestrengt wird, desto weniger anstrengend soll es sein. Lernen soll Spaß machen und es soll von den Belastungen derjenigen Teile der Welt entlasten, die (noch) keine Lernwelten sind. Deshalb entstehen heute immer öfter »kreative Lernumgebungen«, die möglichst alle unsere – sonst häufig verkümmerten – Sinne anregen sollen. Lernen wird zum Erlebnis – das muss man als Angehöriger einer Erlebnisgesellschaft schließlich auch erwarten können! »Edutainment« ist der Begriff, der diesen Trend auf die semantische Spitze treibt. Er gibt das Lernen zugunsten guter Unterhaltung und vielleicht noch diskreter Belehrung auf. Ist es Bildung? Oder ist es Einbildung? Das sind die Schlüsselfragen, die sich in einer erlebnisorientierten Lerngesellschaft immer häufiger aufdrängen.

Kein Wunder: Das Leben wird heutzutage erlebniszentriert organisiert. Die Angebote, sich den »Kick« zu holen, sind so groß wie nie zuvor. Wem Biking, Jumping, Climbing, Rafting, Carving oder Paragliding nicht ausreichen, der definiert sein Erlebnisideal über Bildung: Learning ist angesagt oder – wie in einem Unternehmensslogan – noch attraktiver verpackt: »burning for learning«.

Und so können wir Managergruppen beobachten, die rohe Eier fliegen lassen und große Papiere mit Fingerfarben gestalten. Manchmal erleben wir diese auch schreiend und herumhüpfend. Dann und wann verschränken sie sich Hände haltend im »Gordischen Knoten«, sie gehen auf allerlei Spurensuche in die Natur und schleppen Exponate in den Seminarraum, sie begeben sich auf Phantasiereisen in eine imaginäre Zukunft, bauen sich Collagen, damit sie Visionen kriegen, lösen Rätsel und tragen Masken, gelegentlich konstruieren sie Maschinen und spielen Rollen oder was anderes. Bisweilen »switchen« sie auch probehalber auf die Seite der Obdachlosen, Straßenmusikanten oder Einsiedler. Manchmal schweigen und fasten sie auch kollektiv in toskanischen Klöstern. In Lernprozessen gibt es viel zu erleben heutzutage.

Lernen ist aber häufig anstrengend. Das liegt daran, dass alte Sinn- und Wissensbestände durch neue ersetzt werden müssen. Und dies bedeutet anstrengende Integrations- und Ablösungsarbeit, und es bedeutet häufig auch: Enttäuschungsverarbeitung. Angesichts dieser enttäuschenden Erkenntnis werden Lernprozesse heute erlebnisorientiert arrangiert. Damit die Enttäuschungen beim Lernen erträglich bleiben.

Die grundlegende Problematik dieser Entwicklung liegt darin, dass sinnvolle methodische und didaktische Elemente zur Gestaltung von Lernprozessen zum Edutainment verkommen. Das geschieht immer dann, wenn ihre

Verwendung didaktisch nicht begründet oder unterreflektiert ist, wenn es um Originalität, um schnelle Begeisterung, um Fun oder um Ästhetik, um den schönen Schein und nicht mehr primär um das Lernen geht. Das ist in der TOI anders: es handelt sich um eine konzeptionell abgesicherte Lernform. Dies macht abschließend drei Hinweise im Hinblick auf die TOI sinnvoll.

❖ **Erstens: TOI ist kein Wundermittel!**
TOI kann nicht alles. Sie ist kein Rezept, um jedwede Schwierigkeiten und Probleme von Einzelpersonen, Interaktionssystemen oder Organisationen zu bearbeiten. Sie ist eine Möglichkeit. Ihre Nutzung in Lernprozessen ist insofern in der Kontraktphase immer sehr genau abzustimmen mit den jeweiligen Zielen, der Kultur, den Mentalitäten der beteiligten Menschen, mit Kontext- und Rahmenbedingungen. Wenn beispielsweise die potenziellen TOI-Teilnehmer den anstehenden Lernprozess ablehnen, wenn sie dieser Form außerordentlich skeptisch gegenüberstehen, wenn eine TOI sich als zu starker Einbruch in eine bestehende Kultur erweisen würde, dann macht eine TOI auch keinen Sinn. Eine Gefahr besteht zudem darin, dass die TOI – gerade angesichts ihres breiten möglichen Leistungsspektrums – zur Projektionsfläche für allerlei Zuschreibungen wird. – Toi, toi, toi, dass dies nicht geschieht …

STOPP! Wie sieht denn eine solche Kontraktphase aus und was wird dort geklärt und vereinbart?

*s. S. 27
Briefing*

❖ **Zweitens: TOI-Lernprozesse sind erst dann Lernprozesse, wenn aus dem intensiven TOI-Erleben Erfahrungen generiert werden können!**
Wie oben schon deutlich gemacht wurde, reicht das Erleben der TOI nicht notwendigerweise aus, um Lernprozesse in Gang zu setzen. Aus solchen Erlebnissen können über Reflexion (bildhafte) Erfahrungen generiert werden. Das ist immer dann der Fall, wenn es gelingt, den Erlebnissen individuellen oder kollektiven Sinn zu geben und wenn dieser Sinn in bestehende Sinnstrukturen integriert werden kann. Dann ist gelernt worden – und erst dann. Gelingt dies nicht, dann ist die TOI im Sinne der Erfahrungsbildung nicht ausgeschöpft worden. Und das ist etwas wenig bei dem ganzen Aufwand …

❖ **Drittens: Die richtige Dosis ist wichtig. TOI maßvoll!**

Maß ist ein gutes Stichwort, wenn es darum geht, besonders »mutige« methodische Leitungsentscheidungen für eine erlebnisorientierte Gestaltung von Lernprozessen mittels TOI-Elementen zu treffen.

Wessen Maß ist das aber? Wenn es nur das der Moderatoren ist, dann ist dies höchst problematisch. Es könnte ein Indiz dafür sein, dass die Leitung mit viel Macht agiert. Dies bedeutet auf der Prozessebene, dass die Teilnehmer abhängig gemacht werden. Und diese Erfahrung ist immer dann unangemessen im Sinne des angestrebten Transfers, wenn es »eigentlich« darum geht, Autonomie zu fördern (zum Beispiel in der Führungskräfteentwicklung). Und dies ist heute angesichts der Individualisierungs- und Selbstverwirklichungsdynamiken, die von den Unternehmen gezielt angesteuert werden, meist der Fall. TOI soll nicht Abhängigkeiten verstärken oder neue produzieren (z.B. von der Form der TOI als Problemlöser), sondern sie soll Autonomie und Selbststeuerung unterstützen und ermöglichen. Und das gelingt nur mit dem richtigen Maß. Wenn das Maß voll ist, dann macht das häufig maßlos (abhängig) … Sinnvoll ist es insofern in allen Phasen der TOI – vom Kontrakt bis zur Auswertung – das Maß der Teilnehmenden in die vielen zu treffenden Entscheidungen mit einzubeziehen.

Weiterhin ist es schwierig, wenn das methodische und erlebnisorientierte Design keine differenzierte Wahrnehmungen zulässt, also Wahrnehmungen der Individualität und Besonderheit der Teilnehmenden und insbesondere ihrer Unterschiede erschwert werden. Problematisch ist dies deshalb, weil ja auch individuell gelernt wird. Dieses Problem ist immer dann zu befürchten, wenn der Lernprozess daraufhin zentriert wird, Ideologien oder Philosophien zu vermitteln (beispielsweise Unternehmenskulturen oder Leitbilder) oder wenn die Gruppe – oder das Team – so hochstilisiert wird, dass die einzelnen untertauchen, weil beispielsweise die Gruppe oder das Team ihnen zuviel Druck machen.

Da hilft dann auch kein Erlebnis mehr … Oder doch? Vielleicht könnten wir diese starke Gruppe mal ein Standbild der Gruppe stellen lassen (das haben wir vom Psychodrama gelernt) und dann die Stellung der einzelnen in dieser Gruppe reflektieren … Vielleicht wäre dies ein Erlebnis, das hilft … – Aber bitte mit Maß!

Rückblende: TOI aus erwachsenenpädagogischer Sicht

❖ Unter zunehmend komplexeren Bedingungen wird Reflexionsfähigkeit zur zentralen Kernkompetenz. Es entwickeln sich eher individuelle, situations- und kontextspezifische, lokale Wissens- und Kompetenzbestände. Diese können durch reflektierte Handlungen der jeweilig aktuellen Situation in der Theaterform besonders gut weiterentwickelt werden.

❖ Die TOI spricht den Möglichkeitssinn an. Sie inszeniert Wirklichkeiten, wie sie auch anders möglich sein könnten.

❖ Die TOI korrespondiert mit einer konstruktivistischen Sicht der Welt und des Lernens in dieser und für diese Welt. Sie bietet ganz unterschiedliche Beobachtungsmöglichkeiten auf Wirklichkeitskonstruktionen.

❖ TOI-Interventionisten beschäftigen sich mit der Veränderung von Deutungsmustern. Die TOI als systemische Intervention vermittelt dem System andere Vorstellungen über die eigenen Wirklichkeitskonstruktionen und Selbstbeschreibungen.

❖ Lernen ist ein Veränderungsmodell. Lernen kann nur jede Person selbst. Lernen ist ein aktiver Vorgang, der die Bereitschaft der Lernenden voraussetzt. Die TOI ermöglicht Lernarrangements in einer Balance von Gewohntem und Neuem.

❖ Lernprozesse sind nicht nur von dem sachlichen Inhalt abhängig. Bei der TOI gehört die Berücksichtigung der unterschiedlichen Lernebenen zum Grundverständnis des Lernens. Die TOI regt dabei auch einen kollektiven Lernprozess an.

❖ Während Erlebnisse lediglich Anlässe zur Reflexion sind, sind Erfahrungen das Ergebnis von reflektierten Erlebnissen.

❖ TOI-Lernprozesse stellen Bildräume dar: Bildung durch Bildung von Bildräumen!

❖ TOI legt Wert auf einen ganzheitlichen Lernprozess. Sie integriert anhand konkreter Szenen die kognitiven, die emotionalen und die sinnlich-körperlichen Anteile der Erfahrungsbildung.

❖ Die Teilnehmenden der TOI können anhand konkreter Szenen über ihre unterschiedlichen Wahrnehmungen sprechen, persönliche Erlebnisse mit in die Diskussion einbringen, neue Handlungsmodelle ausprobieren oder ausprobieren lassen, sie in ihrer Wirkung miterleben.

❖ Beim Lernen von Erwachsenen kann es um Fragen der eigenen (Erwerbs-Identität), um Wertvorstellungen und um Ängste gehen. Darum bedarf es einer hohen Methoden- und Gesprächsführungskompetenz der Leitung von TOI-Lernprozessen.

❖ Methodisch erlebnisorientiert angelegte Lernarrangements haben heute Konjunktur. Lernen soll Spaß machen und es soll entlasten. Lernen ist aber häufig anstrengend. Denn es müssen alte Sinn- und Wissensbestände durch neue ersetzt werden.

❖ Drei abschließende Hinweise: TOI ist kein Wundermittel! TOI-Lernprozesse sind erst dann Lernprozesse, wenn aus dem intensiven TOI-Erleben Erfahrungen generiert werden können! Die richtige Dosis ist wichtig. TOI maßvoll!

Literaturverzeichnis

Arnold, R.: Das Santiago Prinzip. Führung und Personalentwicklung im lernenden Unternehmen. Köln 2000.

Baecker, D.: Müllers Vermutung. Episches Theater und postheroisches Management. In: Lettre International. Winter 98, S. 68–70.

Besser, R.: Transfer. Damit Seminare Früchte tragen. Weinheim und Basel 2001.

Boal, A.: Der Regenbogen der Wünsche. Methoden aus Theater und Therapie. Kallmeyer 1999.

Bollnow, O.F.: Der Erfahrungsbegriff in der Pädagogik. In: Zeitschrift für Pädagogik 14/1968.

Bolz, N.: Eine kurze Geschichte des Scheins. München 1991.

Cameron, L.: Eine Woche mit Keith Johnstone. Unveröffentlichtes Manuskript. April 2000.

Ellermann, H.: Auf den Brettern, die Konflikte deuten. In: Süddeutsche Zeitung, Nr. 25, München 31.01./01.02.1998, S. V1/1.

Flume, P./Hirschfeld, K./Hoffmann, Chr.: Unternehmenstheater in der Praxis, Veränderungsprozesse mit Theater gestalten – ein Sachroman. Gabler, Wiesbaden 2001.

Flume, P./Ritscher, J.: TeamPerformanceTraining: Techniken und Übungen des Improvisationstheaters im Training, Loseblattsammlung Grundlagen der Weiterbildung, Ergänzungslieferung Juli 1999. Luchterhand 1999.

Geißler, Kh.A./Orthey, F.M.: Der große Zwang zur kleinen Freiheit. Berufliche Bildung im Modernisierungsprozeß. Stuttgart 1998.

Geißler, Kh.A.: Schlußsituationen. Weinheim und Basel [3]2000.

Geißler, Kh.A./Hege, M.: Konzepte sozialpädagogischen Handelns. Weinheim und Basel [10]2001.

Glasersfeld, E.v.: Radikaler Konstruktivismus. Frankfurt/M. 1997.

König, O. (Hrsg.): Gruppendynamik. Geschichte, Theorien, Methoden, Anwendung, Ausbildung. München, Wien 1994.

Johnstone, K.: Improvisation und Theater. Alexander Verlag, Berlin 1993.

Johnstone, K.: Theaterspiele: Spontaneität, Improvisation und Theatersport, Alexander Verlag Berlin 1998.

Königswieser, R./Exner, A./Pelikan, J.: Systemische Intervention in der Beratung. In: Organisationsentwicklung 2/1995, S. 52–65.

Königswieser, R./Exner, A.: Systemische Intervention. Architektur und Design für Berater und Veränderungsmanager. Stuttgart [4]1999.

Langer, S.K.: Philosophie auf neuen Wegen. Das Symbol im Denken, im Ritus und in der Kunst. Frankfurt/M. 1984.

Lorenzer, A: Der Analytiker als Detektiv, der Detektiv als Analytiker. In: Psyche, Zeitschrift für Psychoanalyse 1/1985, S. 1–12.

Lyotard, J.F.: Der Widerstreit. München 1987.

Moreno, J.L.: Psychodrama und Soziometrie, Edition Humanistische Psychologie im Internationalen Institut zur Förderung der Humanistischen Psychologie. Köln 1989.

Musil, R.: Der Mann ohne Eigenschaften. Roman. Bd. 1. Reinbek 1992.

Orthey, F.M.: Und was kommt nach dem post-? Spekulationen zur Zukunft einer Zeit der Modernisierung. In: LICHTUNGEN. Zeitschrift für Literatur, Kunst und Zeitkritik. Jubiläumsnummer 75/XIY. Jg./1998, Graz, S. 135–147.

Orthey, F.M.: Zeit der Modernisierung. Zugänge einer Modernisierungstheorie beruflicher Bildung. Stuttgart 1999.

Orthey, A./Orthey, F.M.: Lernen – immer ein Erlebnis? Die methodisch-kreative Gestaltung von Lernprozessen zwischen Selbsterfahrung und Edutainment. In: erleben und lernen. Internationale Zeitschrift für handlungsorientiertes Lernen 3&4/2000, Juli 2000, S. 14–19.

Ritscher, J.: Wort-für-Wort-Satz. In: Rachow, A. (Hrsg.): Spielbar, 51 Trainer präsentieren 77 Top-Spiele aus ihrer Seminarpraxis. Gerhard May Verlag, Bonn 2000, S. 179.

Scheller, I.: Szenisches Spiel. Handbuch für die Pädagogische Praxis. Cornelson Scriptor. Berlin 1998, S. 25.

Schmid, B.: Soziale Netzwerkintervention und zirkuläres Fragen am Beispiel des gallischen Dorfes Klein-Bonum. In: Kersting, H.J./Neumann-Wirsig, H. (Hrsg.): Systemische Perspektiven in der Supervision und Organisationsentwicklung. Aachen 1996, S. 181–190.

Schreyögg, G./Dabitz, R. (Hrsg.): Unternehmenstheater: Formen – Erfahrungen – erfolgreicher Einsatz. Wiesbaden 1999.

Simon, F.B.: Die Kunst, nicht zu lernen. In: Systeme 7/1/93, S. 46–57.

Vlcek, R.: Workshop Improvisationstheater. München 1997.

Watzlawick, P.: Wie wirklich ist die Wirklichkeit? München [27]2001.

Wangerin, W.: Sich in den Künsten selbst erfahren. Kreative Rezeption als Gruppenprozeß. Weinheim und Basel 1997.

Willke, H.: Systemtheorie II: Interventionstheorie. Stuttgart, Jena 1994.

Willke, H.: Systemtheorie III: Steuerungstheorie. Stuttgart, Jena 1995.

Zeintlinger-Hochreiter, K.: Kompendium der Psychodrama-Therapie. Köln 1996.

Die Autorin und Autoren

vitaminT

Sich mit unterschiedlichen Kompetenzen, Lebenserfahrungen und Perspektiven zu ergänzen, sowie verschiedene Bereiche wie Theater und PE/OE zu verbinden – das ist das Erfolgsrezept von vitaminT seit 1997. Das in Deutschland, Österreich und der Schweiz – auch in englischer Sprache – agierende Ensemble kooperiert mit weiteren Schauspielern, Personal- und Organisationsentwicklern, die die bestehenden Kompetenzen projektbezogen ergänzen.

Markus Berg: Jg. 1974, Diplom-Kaufmann, Studium der Betriebswirtschaftslehre, Improvisationsschauspieler und Trainer, Arbeitsschwerpunkte: Teamfähigkeit, Kundenorientierung und Innovationsfähigkeit von Mitarbeitern, Mitbegründer von »vitaminT – Improvisation, Theater und Training«.
Adresse: Puccinistraße 5, 81245 München
　　　　　Tel.: 0 89-82 90 98 98
　　　　　E-Mail: Markus.Berg@ThemenOrientierteImprovisation.de

Peter Flume: Jg. 1965, Studium der allgemeinen Rhetorik, gründete 1989 in Nürtingen RhetoFlu, Trainingsschwerpunkte: Rhetorik, Präsentation und Kommunikation. Mitgesellschafter des Münchner Unternehmenstheaters »vitaminT – Improvisation, Theater und Training«, Trainer, setzt seit 1996 Unternehmenstheater ein.
Adresse: Eifelstr. 5, 72622 Nürtingen
　　　　　Tel.: 0 70 22-5 46 80
　　　　　E-Mail: Peter.Flume@ThemenOrientierteImprovisation.de

Dr. Frank Michael Orthey: Jg. 1961, Dipl.-Pädagoge, Trainer und Berater in der beruflichen Weiterbildung in Profit- und Non-Profit-Organisationen, Autor, Lehraufträge u.a. an der Universität Innsbruck, Hochschule für Philosophie München. Arbeitsschwerpunkte: Didaktik und Steuerung von Lehr-/ Lern- und Gruppenprozessen, Konzeptentwicklung für Lehr-/Lernprozesse, Führungs- und Teamberatung; Forschungsschwerpunkt: Modernisierungsprozesse und beruflich-betriebliche Bildung.

Adresse: Matterhornstr. 23 a, 81825 München
          Tel: 0 89-42 00 12 81
          E-Mail: Frank.Orthey@ThemenOrientierteImprovisation.de

Jörg Ritscher: Jg. 1972, M.A. (Theaterwissenschaft), Schauspieler, Theaterpädagoge, Autor und Trainer, Arbeitsschwerpunkte: Interaktives Theater, Improvisation. Mitbegründer von »vitaminT – Improvisation, Theater und Training«.

Adresse: Hauptstr. 30, 86420 Diedorf
          Tel.: 0 82 38-90 29 43
          E-Mail: Joerg.Ritscher@ThemenOrientierteImprovisation.de

Friederike Tilemann: Jg. 1967, Dipl.-Pädagogin, Wissenschaftliche Mitarbeiterin an der Universität der Bundeswehr München, Leiterin »Szenisches Spiel« (Theater als Lernform), Freie Mitarbeiterin beim Internationalen Zentralinstitut für Bildungs- und Jugendfernsehen (IZI) des Bayrischen Rundfunks, Mitbegründerin des Blickwechsel e.V. – Verein für Medien- und Kulturpädagogik, Prüferin der Freiwilligen Selbstkontrolle Fernsehen (FSF), Referentin in der Ausbildung zur medienpädagogischen Fachkraft des DKSB und ISA.

Adresse: Daiserstr. 16 (RG), 81371 München
          Tel.: 089-72 35 229
          E-Mail: Friederike.Tilemann@ThemenOrientierteImprovisation.de

Reinhold Wehner: Jg. 1971, Dipl.-Sozialpädagoge (FH), Drogenberatung und -therapie, Weiterbildung in Psychodrama-Therapie, Improvisationstheater seit 1994, u.a. bei der Münchner Gruppe »Los, Paul!«, 1997 Mitgründer von »vitaminT- Improvisation, Theater und Training«, 1999 Beginn eines Zweitstudiums Psychologie an der LMU München.

Adresse: Milchstraße 4, 81667 München
          Tel: 089-481960
          E-Mail: Reinhold.Wehner@ThemenOrientierteImprovisation.de

Zeichnungen: Nora Scholz; E-Mail: casanora@web.de

»*Dies ist mein allerletzter Auftritt in diesem Buch. Schluchz! Trauer! Die Auto-rengruppe hat mich an dieser emotionalen Stelle des Buches gebeten Schluss zu machen und zuvor: zu danken. –Also: Danke! Danke nicht nur an Sie, die Sie das Buch gelesen haben (oder haben Sie Schelm etwa hinten angefangen?).*

Nein, ein ganz herzliches Dankeschön an alle diejenigen, die dieses Buch, sein Zustandekommen und vor allem auch seine Fertigstellung ermöglicht haben. Das sind viele Menschen hinter den Kulissen, ohne die diese Veröffentlichung nicht zustande gekommen wäre. Es sind häufig – so auch hier – Partner und Partnerinnen, Freunde und Freundinnen, Kinder der Autorengruppe, die betrof-fen und belastet sind. Besonders seien darüber hinaus benannt und bedankt un-sere Probeleserinnen: Julia Zöller, Christine Laubmeier und Gudrun Lang-Schön, die durch sehr differenzierte Hinweise die Qualität des Textes ganz we-sentlich mitbeeinflusst haben. Ganz herzlichen Dank auch unseren Kooperati-onspartnern und Kunden, die die Veröffentlichung durch ihre Zustimmung zur Verwendung von Praxisbeispielen ermöglicht haben. – Danke!

Letzter Vorhang!«

»*… oh, STOPP! Das hätte ich beinahe völlig vergessen: Besuchen Sie doch die Autorin und die Autoren und natürlich auch mich auf unserer Homepage: www.ThemenOrientierteImprovisation.de!*«

WBELTZ WEITERBILDUNG

Matthias zur Bonsen/
Carole Maleh
**Appreciative Inquiry (AI):
Der Weg zu
Spitzenleistungen**
Eine Einführung für Anwender, Entscheider und Berater.
117 Seiten. Pappband.
ISBN 3-407-36380-X

Appreciative Inquiry bedeutet frei übersetzt »wertschätzende Erkundung«. Diese Methode identifiziert gezielt das Positive in Unternehmen und entwickelt es weiter. Die Wirksamkeit von AI ist leicht zu demonstrieren: Wann zeigen sich Ihre Mitarbeiter motivierter? Wenn Sie ihnen ständig vorhalten, was sie falsch machen oder wenn Sie das untersuchen und fördern, was bislang gut lief? Entdecken Sie mit AI die »Juwelen der Organisation«. Entfachen Sie so eine Begeisterungsfähigkeit, die Energie freisetzt.

Aus dem Inhalt:
Appreciative Inquiry: Erkunden und Entwickeln des Positiven; Der AI-Prozess; Anwendung von AI.

Regina Mahlmann
**Einzel-Coaching:
Kompetenz entwickeln**
Grundsätzliches, Schattentage und Dialogbeispiele.
155 Seiten. Pappband.
ISBN 3-407-36377-X

Coaching ist die effektivste Form des beruflichen Lernens. Regina Mahlmann gibt Einblick in den praktischen Prozess des Einzel-Coachings: angefangen vom ersten Kontakt, über die so genannten Schattentage, an denen sie ihre Klienten am Arbeitsplatz begleitet, bis hin zu konkreten Dialogen in den Sitzungen. Mit dem Buch erhalten Sie eine Entscheidungshilfe: Will ich gecoacht werden? Kann ich als Trainer selbst coachen? Sowohl Klient als auch Coach werden angeregt, über ihr berufliches Handeln nachzudenken.

Aus dem Inhalt:
Ein Blick auf die Coaching-Landschaft; Rechenschaft und Bekenntnisse eines Coachs; Coaching in Aktion.

Hans-Jörg Hennig
Immer locker bleiben!
70 Wohlfühl-Übungen für Büro, Seminar und Schule
190 Seiten. Pappband.
ISBN 3-407-36381-8

Sie sitzen am PC und fühlen sich verspannt? Oder: Sie sind Trainer und Sie möchten, dass Ihre Teilnehmer auch nach der Mittagspause aufnahmefähig bleiben? Dann ist Zeit für eine Wohlfühl-Übung.
Der Autor hat ein Übungsprogramm zusammengestellt, das Sie sofort anwenden können. Sie haben die Auswahl: Flottmacher (Mobilisation); Geschmeidigmacher (Dehnung); Starkmacher (Kräftigung); Rettungsinseln (Entspannung).
Trainieren Sie und haben Sie Spaß dabei! Das Resultat: anhaltendes Wohlbefinden, Fitness und Aktivität.

Aus dem Inhalt:
Tipps für einen »bewegten« Arbeitstag; Übungsprogramme für den Einstieg; Vorschlag für ein Wochenprogramm.

Gabi Reinmann-Rothmeier, Heinz Mandl, Christine Erlach, Andrea Neubauer
Wissensmanagement lernen
Ein Leitfaden zur Gestaltung von Workshops
und zum Selbstlernen.
149 Seiten. Pappband.
ISBN 3-407-36376-1

Wissensmanagement bedeutet: Wissen strategisch und intelligent einsetzen. Doch wie nutzt man Informationen zum Wissensmanagement im eigenen Unternehmen? Wie stößt man Lernprozesse an? Wie kommt man vom Wissen zum Handeln? – Genau hier setzt das Buch an: Sie erhalten einen verständlichen und praxisnahen Einstieg in das Thema sowie Impulse für die Umsetzung.

Aus dem Inhalt:
Konzepte zum Wissensmanagement: Von der Information zum Wissen; Methoden zum Wissensmanagement: Vom Wissen zum Handeln; Zur lernenden Organisation werden.

Beltz Verlag · Postfach 100 154 · 69441 Weinheim · www.beltz.de

WBELTZ WEITERBILDUNG

Gudrun F. Wallenwein
Spiele: Der Punkt auf dem i
Kreative Übungen
zum Lernen mit Spaß.
252 S. Zahlr. Abb. Pappband.
ISBN 3-407-36341-9

Die Konzentration der
Seminargruppe lässt nach, die
Aufmerksamkeit sinkt und
nichts wird mehr aufgenom-
men. Möchten Sie das in
Ihren Seminaren vermeiden?
Gudrun F. Wallenwein hat
Spiele und Übungen für
Seminare gesammelt und den
verschiedenen Einsatzmög-
lichkeiten zugeordnet.

»Eine einmalige, fantastische
Sammlung in Seminaren er-
probter Spiele und Übungen,
die in den unterschiedlichsten
Situationen eingesetzt werden
können.«
villa bossaNova, skill media

Aus dem Inhalt:
Der Seminarbeginn; Spiele in
und nach der Pause; Konzen-
trationsspiele; Kreativspiele;
Entspannung; Am Ende eines
Seminartages; Das Seminar-
ende.

Ludwig Wiesenbauer
Erfolgsfaktor Wissen
Das Know-how der Mit-
arbeiter wirksam nutzen
164 S. Pappband.
ISBN 3-407-36371-0

»Der größte Feind des
Wissens ist das Schmoren
im eigenen Saft.«
Gut strukturiert und auf
unterhaltsame Weise wird in
diesem Buch das komplexe
Thema Wissensmanagement
aufbereitet. Witzige Dialoge,
pointierte Erzählungen,
Informationskästen und zahlreiche Übungen verdeutlichen
die jeweiligen Aspekte. Die
Übungen können individuell,
im Rahmen einer Beratung
oder in einem Seminar durchgeführt werden.
Das Buch wendet sich an Führungskräfte, Unternehmensberater und Seminarleiter.

Aus dem Inhalt:
Prozessverantwortung; Meta-
wissen; Wissensaustausch;
Kreativität; Vorannahmen;
Fluktuation; Externe Wis-
sensquellen; Vernetztes Denken; Emotionale Intelligenz.

Edith Stork
Logistik im Büro
Unordnung kostet Geld.
117 S. Zahlr. Abb. Pappband.
ISBN 3-407-36333-8

Verschwenden Sie ab sofort
keine Zeit mehr mit unnützem
Suchen! Mit Edith Stork opti-
mieren Sie Ihr Ablagesystem
so, dass Sie alle Schriftstücke
sofort zur Hand haben. Auch
andere Mitarbeiter finden
umgehend die gesuchten
Dokumente. Denn bei allen
herrscht die gleiche Ordnung.
Das andere Chaos, das kreative, das produktive, bleibt
Ihnen dort erhalten, wo Sie es
für Ihre Interessen und Ihre
Visionen brauchen. Und dafür
haben Sie dann mehr Zeit.

»Dieser Leitfaden verhilft
Ihnen zu einer optimalen
Büroorganisation.«
bsb aktuell

Aus dem Inhalt:
Teamfähigkeit der Ablage;
Kostenminimierung; Ver-
antwortung für Büroräume;
Zeit erwirtschaften.

Carole Maleh
**Open Space:
Effektiv arbeiten mit
großen Gruppen**
Ein Handbuch für Anwender,
Entscheider und Berater.
156 S. Pappband.
ISBN 3-407-36363-X

Open Space: Diese neue
Methode für die Arbeit mit
großen Gruppen bietet un-
geahnte Möglichkeiten. Die
Veranstaltung steht unter
einem Leitthema, zu dem die
Teilnehmenden selbst die
Initiative ergreifen, es in Ein-
zelthemen aufgliedern und
in Workshops genau die für
sie interessanten Aspekte
behandeln.
Open Space ist interessant für
alle, die nach neuen Arbeits-
methoden suchen, um Betei-
ligte erfolgreich zu motivie-
ren, Veränderungen voranzutrei-
ben und langfristige Ergebnisse zu erzielen.

Aus dem Inhalt:
Open Space in der Anwen-
dung; Der Werkzeugkasten;
Die Durchführung; Die Open
Space-Praxis; Häufige Fragen.

Beltz Verlag · Postfach 10 01 54 · 69441 Weinheim · www.beltz.de

WBELTZ WEITERBILDUNG

Nina L. Dulabaum
Mediation: Das ABC
Die Kunst, in Konflikten
erfolgreich zu vermitteln.
203 S. Zahlr. Abb. Pappband.
ISBN 3-407-36386-1

»Mediation ist die Kunst,
Konflikte in einer konstruktiven Art und Weise zu vermitteln.« Die Amerikanerin
Nina L. Dulabaum bietet den
Lesern eine konkrete Einführung in die Methode der
Mediation. Greifbar werden
die wichtigsten Bausteine der
Mediation Stück für Stück
aufeinander gesetzt.

»Das Buch ist gut gemacht (...)
Hier bietet eine Praktikerin
Antwort auf alle wichtigen
Fragen, die die Vermittlung
in Konflikten betreffen.«
Die Buchrezension, Windmühle

Aus dem Inhalt:
Deeskalation; Hilfsmittel
und harte Fälle; Metapher;
Perspektivenwechsel;
Wichtige Wendepunkte
und Wutmanagement;
Zuhören, Zusammenarbeit
und Zukunftsorientierung.

Gerhard Altmann / Heinrich
Fiebiger / Rolf Müller
**Mediation:
Konfliktmanagement für
moderne Unternehmen**
261 S. Zahlr. Abb. Pappband.
ISBN 3-407-36387-7

Die einen sagen: »Mediations-
verfahren sind zeitraubend
und zu kostspielig.« Die anderen sagen: »Mediation lohnt
immer und ist wichtig für das
weitere Zusammenleben und
Zusammenarbeiten.« Richtig
ist: Mediation fördert die
selbstbestimmte Konflikt-
bearbeitung der Streitparteien.
Neue Wege werden möglich.
Die Autoren Altmann,
Fiebiger und Müller – alle drei
erfolgreiche Mediatoren –
zeigen auf, über welche
methodischen Kenntnisse ein
Mediator verfügen muss.

Aus dem Inhalt:
Mediation und verwandte
Verfahren; Der Mediator im
Unternehmen; Methoden und
Strategien der Mediation;
Beispiele aus der Mediations-
praxis.

Regina Mahlmann
Konflikte managen
Psychologische Grundlagen,
Modelle und Fallstudien.
204 S. Pappband.
ISBN 3-407-36389-1

Konflikten sind wir täglich
ausgesetzt: Entscheidungen
stehen an, im Team herrscht
Unmut, der Chef ist anderer
Meinung. Ausweichen ändert
nichts. Innere, zwischen-
menschliche und soziale
Konflikte lauern überall!
Konfliktfähigkeit ist eine
Kunst, die Sie lernen können.
Wird sie beherrscht, lassen
sich viele Konfliktherde
frühzeitig erkennen und
Turbulenzen meistern. Die
Autorin liefert das Hand-
werkszeug: Sie beschreibt
die Ursachen von Konflikten,
den möglichen Verlauf sowie
die konstruktive Handhabung.

Aus dem Inhalt:
Voraussetzungen für Kon-
fliktfähigkeit; Innere Kon-
flikte; Zwischenmenschliche
Konflikte; Soziale Konflikte;
Fallstudien.

Kris Cole
**Kommunikation
klipp und klar**
Besser verstehen und
verstanden werden.
212 S. 50 Abb. Pappband.
ISBN 3-407-36324-9

Kommunikative Fähigkeiten
sind ein wichtiger Erfolgsfaktor. Ob mündlich oder
schriftlich: Kommunikation
ist Voraussetzung für jede
Aktivität.

»Ein schönes Buch für Führungskräfte, die wissen, daß
70 Prozent aller Fehler im
Unternehmen auf mangel-
hafte Kommunikation
zurückgehen.«
PERSONAL POTENTIAL

»... sehr überzeugend, optisch
und sprachlich einladend dar-
geboten, ein Füllhorn an An-
regungen für erfolgreicheres
Kommunizieren von morgen.«
R. Molitor, ManagerSeminare

Aus dem Inhalt:
Grundlagen der Kommuni-
kation; Körpersprache; Professioneller Schriftverkehr.

Beltz Verlag · Postfach 10 01 54 · 69441 Weinheim · www.beltz.de